U0614349

中华爱国故事

韦爱萍 主 编

高文昌 编 著
孔 明 点 评

陕西新华出版传媒集团
陕西人民美术出版社

图书在版编目（CIP）数据

中华爱国故事/韦爱萍主编；高文昌编著；孔明
点评. — 西安：陕西人民美术出版社，2018.1（2021.9
重印）

ISBN 978-7-5368-3449-1

Ⅰ. ①中… Ⅱ. ①韦… ②高… ③孔… Ⅲ. ①品德
教育－中国－青少年读物 Ⅳ. ①D432.62

中国版本图书馆CIP数据核字(2017)第300536号

策　　划：雷　波
责任编辑：高立民　　尹　乐
封面设计：高　雅

ZHONGHUA AIGUO GUSHI

中华爱国故事

韦爱萍　主编　高文昌　编著　孔明　点评

出版发行　陕西新华出版传媒集团
　　　　　陕西人民美术出版社
地　　址　陕西省西安市雁塔区曲江街道登高路1388号
邮　　编　710061
网　　址　http://www.mscbs.cn
经　　销　新华书店
印　　刷　北京一鑫印务有限责任公司
规　　格　889mm×1194mm　　32开
印　　张　6
字　　数　85千字
版　　次　2018年1月第1版　　2021年9月第5次印刷
印　　数　29501-39500
书　　号　ISBN 978-7-5368-3449-1
定　　价　32.00元

前言

　　社会主义核心价值观不是无源之水、无本之木，它的形成与中华优秀传统文化有着千丝万缕的联系，特别是它倡导的爱国、敬业、诚信、友善的公民基本道德规范，更是中华优秀文化的精华，是中国人千百年来一直崇尚并践行的道德准则。中华优秀传统文化中的经典故事，教育着一代又一代的中国人。我们今天的年轻人，也应从这些经典故事中获取教益，成为社会主义核心价值观的践行者。

　　"先天下之忧而忧，后天下之乐而乐""位卑未敢忘忧国""人生自古谁无死，留取丹心照汗青"，"天下兴亡，匹夫有责""苟利国家生死以，岂因祸福避趋之""少年强则国强"……爱国主义作为中华民族精神的主旋律，一直贯穿于五千年历史之中。正如鲁迅所说的："我们从古以来，就有埋头苦干的人，有拼命硬干的人，有为民请命的人，有舍身求法的人……这就是中国的脊梁。"这些仁人志士，为了国家民族的繁荣富强，呕心沥血，前仆后继，"我以我血荐轩辕"，今天的我们，正处于实现中华民族伟大复兴，实现中国梦的历史时期，不正可以从中国古代仁人志士那里汲取精神营养，以励精图治、奋发图强吗？

《中华爱国故事》搜集整理了中国古代最有名的数十个爱国故事。每篇故事之后，附有作家孔明的精彩点评，指出了故事给读者的启迪，点明其历史意义，褒扬了人物的爱国精神。由于我们能力和水平有限，难免有不当及谬误之处，敬请大家给予批评和指正。

目录

黄帝开创中华文明

　　黄帝是少典部族的后裔，本姓公孙，后改姬姓，号轩辕氏。传说他一生下来，就神奇灵慧，出生不久就会说话，幼年时聪明机敏，诚实勤奋，成年以后见闻广博，明辨是非。

　　黄帝时代，炎帝的势力已经衰弱，各部族互相攻战，残害百姓，而炎帝没有力量征讨他们。于是黄帝就操练兵士，去征讨那些不来朝贡的部族，各部族这才都来归从。而蚩尤在各部族中最为凶暴，没有人敢征讨他。炎帝想进攻侵犯各部族，诸侯便都来归从黄帝。于是黄帝施行德政，整顿军旅，研究季节气候，教民种植五谷，安抚民众，丈量四方的土地，率领以熊、罴、貔、貅、䝙、虎等猛兽为图腾的部族，跟炎帝在阪泉的

1

郊野交战。经过多次战斗，最后黄帝取得胜利。后来，蚩尤发动战乱，不听从黄帝之命。于是黄帝征调各部族的军队，在涿鹿郊野与蚩尤决战，终于擒获并杀死了他。从此，诸侯都尊奉黄帝为天子。天下有不归顺的，黄帝就前去征讨，平服之后就离去，开启山林，凿通道路，从来没有在哪儿安宁地居住过。

黄帝往东到达东海，登上了丸山和泰山。往西到达空桐，登上了鸡头山。往南到达长江，登上了熊山、湘山。往北驱逐了荤粥（xūnyù）部族，在釜山与诸侯合验了符契，之后在涿鹿山下建造都邑。黄帝四处迁徙，没有固定的住处，带兵走到哪里，就在哪里设置军营以自卫。黄帝所封官职都用云来命名，军队号称云师。他设置了左右大监，以监察各部族，各部族和睦相处。黄帝获得宝鼎，于是观测太阳的运行，用占卜用的蓍草推算历法，预知日月运行的规律。他任用风后、力牧、常先、大鸿等治理民众。黄帝顺应天地四时的规律，推测阴阳的变化，制定生死的仪礼，探究安危存亡的道理，按照季节播种百谷草木，驯养鸟兽蚕虫，测定日月星辰

以定历法，收取土石金玉以供民用，勤劳心力耳目，节用水火财物。黄帝在位时有象征土德的祥瑞征兆，土色黄，所以号称黄帝。

黄帝对开创中华文明有巨大的贡献。他推演历法；教导百姓播种五谷；元妃嫘祖始养蚕，以丝制衣服；制乐器；使大挠作甲子，以十天干配合十二地支以纪年；数学方面，隶首作数，定度量衡之制；军事方面，风后衍握奇图，始制阵法；音乐方面，伶伦取竹以作箫管，定五音十二律；医药方面，与岐伯讨论病理，作《黄帝内经》；文字方面，仓颉始制文字，具六书之法；采首山（今河南襄城县南五里）之铜以造货币；其他还有制作舟车、弓矢，建造房屋等。黄帝与炎帝合称炎黄，是中华民族共同的祖先。

◇孔明点评◇

中华民族之所以尊轩辕黄帝为人文初祖，应该与他巨大的历史贡献与丰功伟绩直接相关。他老人家在位时期，居无定所，其劳碌奔波可想而知；东征西讨，并非为一己权威，而是为民众谋取稳定、和平的生存环境；

创立制度，使一盘散沙凝聚成一体，使部落联盟趋于国家雏形。黄帝心系民众，自然受民众拥戴；黄帝顺应民心，自然一呼百应；黄帝总是为民谋取长远利益，终于成为子孙后代顶礼膜拜的圣贤之首。中华民族的初心与美德发端于黄帝，中华民族之根也恰在这里！

尧舜选贤任能，禅让传国

尧名放勋，传说中父系氏族社会后期的部落联盟首领。他仁德如天，智慧如神。接近他，就像接近太阳一样温暖；仰望他，他就像云霞一般灿烂。他富有却不骄傲，尊贵却不放纵。他戴的是黄色的帽子，穿的是黑色的衣裳，乘坐的是朱红色的马车。他能尊敬有善德的人，使同族九代相亲相爱。同族的人既已和睦，他又去明确百官的职责。百官各尽其责，各部落都能和睦相处。

尧很早就让大臣举荐接班人。驩兜曾举荐过共工，尧说"不行"，而驩兜还是试用他做工师，共工果然放纵邪僻。四岳推举鲧去治理洪水，尧说"不行"，而四岳硬说要试试看，结果鲧治水九年，一无所成。很多人都推荐舜，于是尧把两个女儿嫁给他，从两个女儿身上观察他的德行。舜让她们降下尊贵之心住到妫(guī)河边的家中去，遵守为妇之道。尧认为这样做很好，就让舜试任司徒之职，谨慎地理顺父义、母慈、兄友、弟恭、子孝这五种伦理道德，人民无不遵从。尧又让他参与百官的事，百官的事因此变得有条不紊。让他在明堂四门接待宾客，四门处处和睦，从远方来的诸侯宾客都恭恭敬敬。尧又派舜进入山野丛林、大川草泽，遇上暴风雷雨，舜也没有迷路误事。尧认为他十分聪明，很有道德。

舜二十岁时因为孝顺而闻名，三十岁时被尧举用，五十岁时代理天子政务，尧逝世后，舜接替尧登临天子之位。舜登位第三十九年，到南方巡视，在南方苍梧的郊野逝世，葬在长江南岸的九嶷山。

舜在位时，广用贤能。皋陶掌管刑法，断案公正，人们都佩服他能按情据实断理；伯夷主持礼仪，上上下下都能够礼让；垂担任工师，主管百工，百工都能做好自己的工作；益担任虞，主管山泽，山林湖泽都得到开

发；弃担任稷，主管农业，百谷按季节茂盛成长；契担任司徒，主管教化，百官都亲善和睦；龙主管接待宾客，远方的诸侯都来朝贡。舜所置十二州牧做事，禹所定九州内的民众没有谁违抗。其中禹的功劳最大，开通了九座大山，治理了九处湖泽，疏浚了九条河流，辟定了九州方界，各地都按照应缴纳的贡物前来进贡，没有不恰当的。纵横五千里的领域，都受到安抚，直到离京师最远的边荒地区，四海之内，共同称颂舜的功德。于是禹创制《九韶》乐曲歌颂舜的功德。天下清明的德政都从舜开始。

舜选择贤能的禹作为自己的继承人。十七年后，舜逝世。禹服丧三年完毕，欲把帝位让给舜的儿子，但诸侯都归服禹，这样，禹就登临了天子之位。尧的儿子丹朱、舜的儿子商均分别在唐和虞得到封地，来奉祀祖先。禹还让他们穿自己家族的服饰，用自己家族的礼乐仪式。他们以客人的身份拜见禹，禹也不把他们当臣下对待，以表示不敢专擅帝位。

◇**孔明点评**◇

　　在中国上古历史里，尧舜之贤能美政几乎与轩辕黄帝媲美，尧舜二人也因此成为君王典范，深受后代尊崇。尧舜德政之要就是选贤任能，而又从善如流；不贪恋天子之位，顺应潮流而禅让。尧舜给后人以鲜明的启示：为君者必须胸襟开阔，胸怀天下；知人善任，公而忘我；民生为先，绝不谋取个人私利。心里装着百姓，自然不敢怠慢百姓，被百姓拥戴也就自然而然、顺理成章了。所谓有口皆碑，于尧舜而言，再恰当莫过了！尧舜禅让，乃中华民族之盛事！怀念尧舜不是一句空话，尧舜的许多为政之道都值得后世借鉴、效法。

商汤治国，网开三面

商汤即成汤，在夏朝为一方诸侯之长，有权征讨邻近的诸侯。葛伯不祭祀鬼神，成汤首先征讨他。成汤说："我说过这样的话：人照一照水就能看出自己的形貌，看一看民众就可以知道国家治理得好与不好。"

伊尹名叫阿衡。阿衡想求见成汤而苦于没有门路，于是就去给有莘氏做陪嫁的男仆，背着饭锅、砧板来见成汤，借着谈论烹调滋味的机会向成汤进言，向成汤讲述了远古帝王及九类君主的所作所为，劝说他实行王道。于是成汤起用了他，委任他管理国政。

一天，成汤外出游猎，看见郊野四面张着罗网，张网的人祝祷说："愿从天上来的，从地下来的，从四方来的，都进入我的罗网！"成汤听了说："唉，这样就把禽兽全部打光了！"于是把罗网撤去三面，让张网的人祝祷说："想往左边走的就往左边走，想向右边逃的就向右边逃，不听从命令的，就进我的罗网吧！"诸侯听到这件事，都说："汤真是仁德到极点了，就连禽兽都受到了他的恩惠。"

就在这个时候，夏桀却施行暴政，荒淫无道，还有诸侯昆吾氏也起来作乱，于是成汤举兵，率领诸侯，伊尹跟随。成汤亲自握着大斧指挥，先去讨伐昆吾氏，转而又去讨伐夏桀。成汤对随从说："夏桀君臣加大徭役，耗尽了国家的民力；又重加盘剥，掠光了国家的资财。国内的民众都在怠工，不与他合作。他们说：'这个太阳什么时候消亡，我宁愿和你一起灭亡！'夏王的德行已经到这种地步，现在我一定要去讨伐他！希望你们和我一起来惩罚他！"

夏桀在有娀氏旧地被成汤打败，奔逃到鸣条，夏朝军队就溃散了。伊尹向诸侯公布了这次大战的战绩。自此，诸侯全都听命归服了成汤，他登上天子之位，平定了天下。

◇孔明点评◇

　　商汤是商王朝的开国之君，更是中国历史上的明君。商汤之明至少在三个方面：一是识人。伊尹虽是仆人，却身怀谋略，商汤不因为他卑微而轻视他，反而知其韬略而重用他，这便是他识人的开明之处。二是仁厚。即使狩猎，也要网开三面，给猎物以足够的逃生空间，这便是他仁厚贤明之处。三是审时度势。他深知夏朝气数已尽，民心尽失，便不失时机举起讨伐夏桀的旗帜，旗开得胜，这便是他审时度势的高明之处。借此"三明"之德，商汤使民心归附而成就了商朝大业！

弦高犒师，智救郑国

公元前627年的春天，驻在郑国都城的秦国大臣杞（qǐ）子派人给秦君送去了一封密信，信上说自己掌管郑国北门的钥匙，并且，郑国对秦国没有防备，如果派兵前来偷袭，里应外合，准会成功。秦穆公见信很高兴，立即派孟明视、西乞术、白乙丙三位大将，率领三百乘兵车，从秦国东门誓师，向郑国进发。

郑国的商人弦高，载着皮货，赶着牛群，准备到洛阳贩卖。正遇到前来的秦军，他大吃一惊，想到：郑国国小，又是一片和平景象，没有任何打仗的准备。秦国以强大对弱小，郑国就有亡国的危险啊！我必须用自己的智慧拖住敌人，争取时间，让郑国早做准备。于是，弦高当机立断，一边让老乡赶紧回国去给郑穆公报信，

一边扮作郑国的使臣，打着国君的旗号犒劳秦师。

　　按照当时先轻后重的礼节，弦高从车上取下四张上等牛皮，又从牛群中挑选出十二头肥牛。他以犒劳军队为由，挡住了秦军的去路，说："请通报三军主帅孟明视将军，说郑国使臣弦高求见。"

　　孟明视和西乞术、白乙丙闻听禀报，脸上都露出震惊的神色。就在三位大将犹疑之际，衣冠整洁的弦高神色坦然地走了过来。孟明视只好上前，说："贵国使臣见我，有什么事吗？"

　　弦高站稳身子，施礼道："我们国君听说您率领军队，要路经我国去远征。远征作战是一件很辛苦的事。我们的国君特意让我带上皮革和肥牛，前来慰劳您和您同行的将士。咱们两国是互驻使臣的友好国家，我们郑国虽然不太富足，但也特意为您与您的随从驻扎、休息等，做好了一切相关的准备事项。如果驻一天一夜的话，就给你们准备好粮食柴草；如果你们仅驻一夜的话，就为你们安排好夜晚的守卫哨兵。"

　　秦国三位大将眼见弦高送来的皮革和肥牛，以为郑国有了防备，就收下礼物，在滑国驻下来。弦高一面彬彬有礼地同秦国将士周旋，一面设法找到在滑国的郑国使臣，通过传递信件的驿站，火速把情况报告给郑穆公。

郑穆公接到驿站传来弦高犒师的情报，赶紧召集大臣商讨战事。军队将士为了迎战，整理行装，磨好兵刃，喂饱战马，备好战车。刀在手，箭在弦，全国上下，严阵以待。然后，郑穆公派人到秦国使臣居住的地方，委婉地说郑国的鲜肉已经不多了，请他们到异地去亲手捕获。杞子知道计谋败露，仓皇逃奔齐国。

秦国军队在滑国驻了几天，徘徊犹豫，进也不是，退也不是。孟明视说："郑国已经做好了战斗准备，偷袭不行。正面硬打，千里远攻，军队疲惫，也不一定能取得胜利。围困郑国，距离本土的路程又太远，时间长了，粮草接济有困难。不要攻打郑国了，我们还是回去吧！"于是顺手灭了滑国然后回去了。但是回国途中在崤山中了晋军埋伏，全军覆没。

郑国因为弦高的机智爱国，见义勇为而得救，国君

和百姓都很感激弦高。郑穆公以高官厚禄赏赐弦高，弦高坚决不接受："作为商人，忠于国家是理所当然的，如果受奖，岂不是把我当作外人了吗？"

◇孔明点评◇

弦高犒师至少有四个亮点：其一，天下兴亡，匹夫有责，商人也不例外。其二，爱国是国民基本素质，一国荣辱，关乎每个公民的切身利益，皮之不存，毛将焉附？懂得这个道理，就不会做缩头乌龟，坐以待毙。其三，爱国不是说大话、空话，更不是放哑炮、空炮，而是敢于担当，勇于负责，机智周旋，巧于应对。其四，不发国难财，不居功邀功。一个弦高，抵秦国虎狼之师，一国若拥有十个、百个、千个、万个弦高呢？

晏子使楚，不辱使命

晏子是春秋时期著名的政治家、思想家、外交家。有一次，齐王派晏子出使楚国，楚王仗着楚国兵强马壮便想借机羞辱晏子。

楚王听说晏子身材矮小，便在城门旁边开了一个五尺高的小洞准备让晏子钻过去。车驾到了城门口，晏子看到这样的景象后，便对左右说："我出访的是楚国，而不是狗国。你们先替我去打听一下，看看楚国到底是个什么样的国家。"接待的人把晏子的话告诉了楚王，楚王赶紧派人打开城门，迎接晏子。

晏子见到了楚王，楚王冷冷地说："难道齐国没有人了吗？"晏子回答说："我们齐国首都临淄有七千多户人家，大街上的人张袂成阴，挥汗成雨，比肩接踵而

行，大王怎么能说我们齐国没有人呢？"楚王笑着说："既然有那么多人，为什么派你这样的人来做使者，岂不是丢国家的脸吗？"说罢哈哈大笑起来。晏子从容不迫地回答道："大王有所不知，我们齐国有个规矩：访问上等的国家，就派上等人去；访问下等的国家，就派下等人去。我在齐国最不中用，所以被派到这儿来了。"说着也故意笑了笑，楚王只好也跟着赔笑。

楚王安排酒宴招待晏子，喝得正高兴的时候，有两个侍卫绑着一个人来到楚王面前。楚王问道："绑着的人是干什么的？"侍卫回答道："他是齐国人，犯了偷窃罪。"其实这都是楚王提前安排好的，想趁机当着晏子的面羞辱齐国。这时楚王看着晏子说："齐国人本来就善于偷盗吗？"晏子离开座位回答道："我听说这样的事：橘子生长在淮河以南就又大又甜，生长在淮河以北就变成枳了，只是叶子的形状相像，它们果实的味道不同。这样的原因是什么呢？是水土不同。现在老百姓生活在齐国安居乐业，从不偷窃，到了楚国就偷窃，莫非楚国的水土使得老百姓善于偷窃吗？"楚王不好意思地说："圣人不是能同他开玩笑的人，我反而自讨没趣了。"

晏子先后辅佐齐灵公、庄公、景公三朝，长达四十余年。他头脑机灵，能言善辩，以有政治远见、外交才能和作风朴素闻名诸侯。内辅国政，屡谏齐王。出使不受辱，捍卫了齐国的国威和尊严。司马迁非常推崇晏子，将其比为管仲。孔丘曾称赞晏子曰："救民百姓而不夸，行补三君而不有，晏子果君子也！"

◇孔明点评◇

国与国较量，说白了是人与人的较量。一国拥有人才而能使之施展，既是个人之幸，更是国家之幸。譬如齐国拥有晏子，就使齐国不但治国有了方略，而且外交也有了巧实力。晏子使楚，楚国表面上像开玩笑，实际上是试探齐国的实力。晏子深谙此道，所以机智应对，不让楚王有非分之想。透过晏子之才，楚王掂量得来齐国的轻重，自知自己不是齐国的对手，所以也就不敢轻举妄动。巧实力、软实力运用得好，不但可以赢得国际尊重，而且抵得千军万马，为国家积蓄实力赢得时间。

申包胥哭秦庭救楚

　　楚平王因宫廷立储问题，捕杀了太子太傅伍奢及其长子伍尚。伍奢的次子伍员（伍子胥）出逃至吴国，并通过公子光的引荐，得到重用。九年后，吴王派伍子胥、孙武等率领吴军，联合唐国、蔡国，进攻楚国。联军五战五胜，攻入楚国郢都。当时楚平王已经去世，楚昭王逃出国都，流落随国等地。

　　当初，伍子胥和申包胥是朋友，同为楚国世家大族子弟。伍子胥出逃吴国的时候，对申包胥说："我一定要灭了楚国。"申包胥说："努力吧！您能消灭它，我就一定能使它复兴。"伍子胥率军攻入郢都后，将楚平王的墓掘开，鞭尸三百。当时申包胥逃在山间，捎话给伍子胥说："你为了报仇，做得太过分了，难道没有天道了吗！"申包胥从小路到了秦国，面见秦哀公，请求出兵，助楚复国。他说："吴国多次侵害中原各国，最先受到侵害的是楚国。我们国君守不住自己的国家，流落在荒草野林之中，派遣臣下前来告急求救说：'吴国人的贪心是无法满足的，要是吴国成为您的邻国，那就会对您的边界造成危害。如果凭借君王的威名能帮助楚国，楚国将世世代代侍奉君王。'"秦哀公婉言谢绝说："我听说了你们的遭遇。您暂且住进客馆休息，我们考虑好了再告诉您。"申包胥回答说："我们国君还流落在荒草野林之中，没有得到安身之所，臣下哪里敢就这样去客馆休息呢？"申包胥站起来，靠着院墙痛哭，日夜不停，连续七天没有喝一口水。秦哀公十分感动，为申包胥作了《无衣》这首诗，其中有："岂曰无衣？与子同袍。王于兴师，修我戈矛，与子同仇！"申包胥连叩九个头，表示感谢。

第二天一早，秦哀公登上朝堂，向群臣宣布："楚王昏庸无道，本不该救，但有申包胥这样的忠义之臣，楚不该亡。"于是派战车五百乘，前去救楚。申包胥带

领秦军杀奔回来，流散的楚军迅速集合在昭王手下，秦楚联合，终于击溃了吴军，恢复了楚国。

楚昭王上朝，表彰了申包胥并问他想要什么样的奖励。申包胥诚恳地说："臣下在秦庭哭诉七日，为了救国救民。现今我亦年老，恳请大王让我返归山林，静养天年。"申包胥带领家人躬耕田亩，褐衣蔬食，最后安然寿终。

◇孔明点评◇

要说爱国精神，申包胥名副其实。伍子胥发誓灭楚固然情有可原，申包胥保楚却是发乎爱国真情，为此，他不辞辛苦，不惜哭求，终于打动秦哀公，使楚国得救于危急时刻。申包胥更可贵的地方在于报国、保国之愿既遂，却不邀功请赏，而是甘愿告老还乡，躬耕田亩，过褐衣蔬食的生活，使自己得以寿终正寝。申包胥以自己的行动与智慧告诉后人：爱国没有条件，就是一个一厢情愿！

卧薪尝胆，勾践复国

越王勾践即位初，吴国与越国相互攻伐。勾践三年（前494），越国攻打吴国，结果出师不利，被吴王夫差打败，勾践率五千残兵败将，退守会稽山。吴王乘胜追击包围了会稽。越王对范蠡说："因为没听您的劝告才落到这个地步，那该怎么办呢？"范蠡回答说："能够完全保住功业的人，必定效法天道的盈而不溢；能够平定倾覆的人，一定懂得人道是崇尚谦卑的；能够节制事理的人，就会遵循地道而因地制宜。现在，您要谦卑有礼，派人给吴王送去优厚的礼物。如果他不答应，您就去吴国为质，亲自去侍奉吴王。"勾践不得已，向吴王夫差求和。又派大夫文种私下向吴国太宰伯嚭献上美女和珠宝玉器，请伯嚭为自己说好话，伯嚭欣然接受。吴

王不听伍子胥的谏言，赦免了越王，撤军回国。

　　勾践回国后，深思熟虑，苦心经营，他把苦胆挂到座位上，坐卧即能仰头尝到苦胆，饮食也尝尝苦胆。还时时激励自己说："你忘记会稽的耻辱了吗？"他亲身耕作，夫人亲手织布，吃饭从未有荤菜，也从不穿华丽的衣服，对下人彬彬有礼，能委曲求全，招待宾客热情诚恳，能救济穷人，悼慰死者，与百姓共同劳作。

　　二十二年后，越国又攻打吴国。吴国军民疲惫不堪，精锐士兵都在与齐、晋之战中死亡，所以越国大败了吴军，包围吴都三年，把吴王围困在姑苏山上。吴王请求与越王讲和，勾践怜悯他，就派人对吴王说："我安置您到甬东，统治一百家。"吴王推辞说："我已经老了，不能侍奉您了！"说完便自杀了。越王安葬了吴王，杀死了太宰嚭。

　　勾践平定了吴国后，就出兵向北渡过黄河，在徐州与齐、晋诸侯会合，向周王室进献贡品。周元王派人赏赐祭祀肉给勾践，称他为"伯"。勾践离开徐州，渡过淮河南下，把淮河流域送给楚国，把吴国侵占宋国的土地归还给宋国，把泗水以东方圆百里的土地给了鲁国。当时，越军在长江、淮河以东畅行无阻，诸侯们都来庆贺，越王成为一方霸主。

◇孔明点评◇

越王勾践卧薪尝胆的故事广为流传，一直为后人津津乐道。我想此中可道之处有三：其一，为了挽救国家社稷于危亡，一国之主能屈能伸是必要的，是国君应有的器量与气度；其二，为国之道忍辱示弱固然重要，富国强军却是不二法门，必不可少，毕竟国与国之间较量，实力是决定性因素；其三，爱国不是空话，更不是莽撞，既需要韬光养晦的胸襟，也需要行之有效的方略，更需要以身作则，示范表率，凝聚民心。人心齐，泰山移，岂不然哉！

胸怀美政，上下求索

    屈原，名平，字原，出身于贵族。屈原自幼勤奋好学，胸怀大志，早年受楚怀王信任，任左徒、三闾大夫，常与楚怀王商议国事，掌管楚国内政外交，举贤任能，改革政治。屈原主张楚国与齐国联合，共同抗衡秦国，并且提倡"美政"。在屈原的努力下，楚国国力不断增强。

    但是，由于其性格耿直再加上自身的才能和成就，招来了政敌的不满。上官大夫靳尚出于妒忌，趁屈原为楚怀王拟订宪令之时，在怀王面前诬陷屈原。楚怀王是一个昏庸的君主，听了上官大夫的话后非常生气，于是渐渐疏远了屈原。

    屈原遭贬后，楚国国势日渐衰微，而此时张仪由秦至楚，以重金收买靳尚、子兰、郑袖等人充当内奸，同时以"献商於之地六百里"诱骗怀王，致使齐楚断交。楚王大怒，多次派军队攻打秦国，但接连惨败，强大的楚国衰落了。不久，秦昭王利用与楚国通婚的关系，邀请楚怀王到秦国会晤。屈原认为这是秦王的诡计，极力劝阻，而怀王的小儿子子兰却力主怀王入秦。怀王不听屈原的劝告，最后入秦赴约，结果被早已埋伏好的秦军俘获。楚怀王被长期扣留在秦国，一年后就病死了。

怀王的长子顷襄王即位，还是将子兰委以重任。屈原对子兰贻误国事感到非常痛心，子兰就命上官大夫在楚顷襄王面前说屈原的坏话。楚王大怒，第二次放逐了屈原。在屈原多年流亡的同时，楚国的形势愈发危急，不久，楚国都城郢被秦军攻占，楚国先王的陵墓也被焚烧。这时屈原已对楚国彻底绝望了。他来到汨罗江边，披散头发，一面走，一面吟咏着悲伤的诗句。脸色憔悴，身体干瘦。渔夫看见他，便问道："您不是三闾大夫吗？为什么来到这儿？"屈原说："举世混浊而我独清，众人皆醉而我独醒，因此被放逐。"渔夫说："圣

人不固执己见，善于随机应变，整个世界都混浊，为什么不随波逐流？众人都沉醉，为什么也不喝点酒呢？您洁身自好，当然不为世人所容了！"屈原说："我听说，刚洗过头的一定要弹去帽上的灰沙，刚洗过澡的一定要抖掉衣上的尘土。谁能让自己清白的身躯蒙受外物的污染呢？我宁可投入长流的大江而葬身于江鱼的腹中，也不会让自己高尚的品质去蒙受世俗的尘垢。"

于是屈原写了《怀沙赋》，然后抱着石头，投汨罗江而死。后人怀念屈原，便在他去世的那天，包粽子投到河里让鱼吃，以免鱼虫伤害屈原。这就是端午节吃粽子的来历。

◇孔明点评◇

哀莫大于心死。屈原投身汨罗江，就是因为心死。他的悲剧是爱国却怀才不遇，被流放后眼看着自己热爱的楚国由于国君昏庸、奸臣当道而日渐衰微，他却空怀热血，有力无处使，内心的悲苦可想而知。最终连首都郢也被秦国虎狼之师占领，屈原那颗高贵而才华横溢的心如何能够承受楚亡国灭的屈辱？他是正人君子，更是楚国忠臣，如何肯苟且偷生？古往今来，仁人志士莫不如此。屈原爱国忠心，日月可鉴，彪炳人寰，所以即使秦国灭了楚国，统一了六国，对屈原依然尊重有加，允许民间祭奠他、纪念他。以故，端午节成了中华民族纪念屈原的传统节日。

将相和好，保全赵国

　　战国秦昭襄王时期，秦国常常找借口欺凌赵国，当时秦强赵弱，赵惠文王不得不低声下气，委曲求全，但赵国武有善于用兵的名将廉颇，文有不卑不亢、足智多谋的名臣蔺（lìn）相如。因此，赵国在与秦国的多次交锋中，虽然难以取胜，但也不落下风，演绎了历史上一场以弱斗强的经典"棋局"。

完璧归赵

　　公元前283年，秦昭襄王派使者带着国书去邯郸城见赵惠文王，使者说秦王情愿让出十五座城来换赵王收藏的一块珍贵的和氏璧，希望赵王答应。

29

　　赵惠文王就跟大臣们商量应对之策。要答应，怕上秦国的当，丢了和氏璧，拿不到城；要不答应，又怕得罪秦国。议论了半天，还是不能决定该怎么办。

　　当时有人推荐蔺相如，说他是个挺有见识的人。

　　赵惠文王就把蔺相如召来，要他出个主意。

　　蔺相如说："秦国强，赵国弱，不答应不行。"

　　赵惠文王说："要是把和氏璧送去，秦国取了璧，不给城，怎么办呢？"

　　蔺相如说："秦国拿出十五座城来换一块璧，这个价值是够高的了。要是赵国不答应，错在赵国。大王把和氏璧送去，要是秦国不交出城来，那么错在秦国。宁可答应，让秦国担这个错。"

　　赵惠文王说："那么就请先生去秦国一趟吧。可是万一秦国不守信用，怎么办呢？"

　　蔺相如说："秦国交了城，我就把和氏璧留在秦国；要不然，我一定把璧完好地带回邯郸。"

　　蔺相如带着和氏璧到了咸阳。秦昭襄王得意地在别宫里接见他。蔺相如把和氏璧献上去。

秦昭襄王接过璧，看了看，挺高兴。他把璧递给美人和左右侍臣，让大伙儿传着看。大臣们都向秦昭襄王庆贺。

蔺相如站在朝堂上等了老半天，也不见秦王提换城的事。他知道秦昭襄王不是真心拿城来换璧。可是璧已落到别人手里，怎么才能拿回来呢？

他急中生智，上前对秦昭襄王说："这块璧虽说挺名贵，可是也有点小毛病，不容易瞧出来，让我来指给大王看。"

秦昭襄王信以为真，就吩咐侍从把和氏璧递给蔺相如。

蔺相如一拿到璧，往后退了几步，靠着宫殿上的一根大柱子，瞪着眼睛，怒气冲冲地说："大王派使者到邯郸来，说是情愿用十五座城来换赵国的璧。赵王诚心诚意派我把璧送来。可是，大王并没有交换的诚意。如今璧在我手里，大王要是逼迫我的话，我宁可把我的脑袋和这块璧在这柱子上一同撞碎！"

说着，他真的拿着和氏璧，对着柱子做出要撞的样子。

秦昭襄王怕他真的撞坏了璧，连忙向他赔不是，说："先生别误会，我哪儿能说了不算呢？"

他就命令大臣拿上地图来，并且把准备换给赵国的十五座城指给蔺相如看。

蔺相如想，可别再上他的当，就说："赵王送璧到秦国来之前，斋戒了五天，还在朝堂上举行了一个很隆重的仪式。大王如果诚意换璧，也应当斋戒五天，然后再举行一个接受璧的仪式，我才敢把璧奉上。"

秦昭襄王想，反正璧也跑不了，就说："好，就这么办吧。"

蔺相如回到客栈，叫一个随从打扮成买卖人的模样，把璧贴身藏着，偷偷地从小道跑回邯郸去了。

过了五天，秦昭襄王召集大臣们和别国在咸阳的使臣，在朝堂举行接受和氏璧的仪式，叫蔺相如上朝。蔺相如不慌不忙地走上殿去，向秦昭襄王行了礼。

秦昭襄王说："我已经斋戒五天，现在你把璧拿出来吧。"

蔺相如说："秦国自秦穆公以来，前后二十几位君主，没有一个讲信义的。我怕受欺骗，丢了璧，对不起赵王，所以把璧送回邯郸去了。请大王治我的罪吧。"

秦昭襄王听到这里，大发雷霆说："是你欺骗了我，还是我欺骗你？"

蔺相如镇静地说："请大王别发怒，让我把话说完。天下诸侯都知道秦是强国，赵是弱国。天下只有强国欺负弱国，绝没有弱国欺压强国的道理。大王真要那块璧的话，请先把那十五座城割让给赵国，然后打发使者跟我一起到赵国去取璧。赵国得到了十五座城以后，决不敢不把璧交出来。"

秦昭襄王听蔺相如说得振振有词，不好翻脸，只得说："不过是一块璧罢了，不应该为这件事伤了两家的和气。"

蔺相如回到赵国，赵惠文王认为他完成了使命，就提拔他为上大夫。秦昭襄王本来也不是真心想用十五座城去换和氏璧，不过是想借这件事试探一下赵国的态度和力量。蔺相如完璧归赵后，秦王也没再提交换的事。

渑池之会

秦王派使臣告诉赵王，打算与赵王和好，在西河外渑池相会。赵王害怕秦国，不想去。廉颇、蔺相如商量说："大王如果不去，显得赵国既软弱又怯懦。"于是赵王动身赴会，蔺相如随行。廉颇跟赵王辞别时说："大王这次出行，估计一路行程和会见的礼节完毕，直到回国，不会超过三十天。如果大王三十天没有回来，就请允许我立太子为王，以断绝秦国要挟赵国的念头。"赵王同意廉颇的建议，就和秦王在渑池会见。

秦王喝酒喝得高兴时说："我私下听说赵王喜好音乐，请赵王弹弹瑟吧！"赵王就弹起瑟来。秦国的史官走上前来写道："某年某月某日，秦王与赵王会盟饮酒，命令赵王弹瑟。"蔺相如走向前去说："赵王私下听说秦王善于演奏秦地的乐曲，请允许我献盆缶给秦王，请秦王敲一敲，借此互相娱乐吧！"秦王发怒，不肯敲缶。这时蔺相如走上前去献上一个瓦缶，趁势跪下请求秦王

敲击。秦王不肯敲击瓦缶。蔺相如说："如大王不肯敲缶，在五步距离内，我能够把自己颈项里的血溅在大王身上！"秦王身边的侍从要杀蔺相如，蔺相如瞪着眼睛呵斥他们，他们都被吓退了。尽管秦王很不高兴，但还是为赵王敲了一下瓦缶。蔺相如回头召唤赵国史官写道："某年某月某日，秦王为赵王击缶。"秦国的大臣说："请赵王用赵国的十五座城为秦王祝寿。"蔺相如也说："请把秦国的都城咸阳送给赵王祝寿。"

直到酒宴结束，秦王始终未能占赵王的上风。赵国又大量陈兵边境以防备秦国入侵，秦军也不敢轻举妄动。

负荆请罪，将相和好

秦赵渑池之会后，因蔺相如功劳大，被赵王封为右上卿，位在廉颇之上。

廉颇说："我是赵国的大将，有攻城野战的大功，而蔺相如只凭言辞立下功劳，他的职位却在我之上。再说他本来是卑贱的人，我感到羞耻，不甘心自己的职位在他之下！"扬言说："我遇见蔺相如，一定要羞辱他。"蔺相如听到这些话后，不肯和他碰面，每逢上朝时常常推说有病，不愿跟廉颇争位次。过了些时候，蔺相如出门，远远看见廉颇，就掉转车子避开他。

于是蔺相如的门客就一齐规谏说："我们离开亲人来侍奉您，不过是因为仰慕您的高尚品德和节义啊。现在您与廉颇职位相同，他口出恶言，您却害怕他躲避他，怕得太过分了。就是普通人对这种情况也感到羞耻，更何况是将相呢！我们没有才能，请允许我们告辞离开您吧！"蔺相如执意挽留他们，说："你们看廉将军与秦王相比哪个厉害？"门客回答说："廉将军不如秦王厉害。"蔺相如说："以秦王那样的威势，我蔺相如却敢在秦国的朝廷上呵斥他，羞辱他的群臣。蔺相如虽然才能低下，难道偏偏害怕廉将军吗？但是我想到，强大的秦国之所以不敢轻易对赵国用兵，只是因为有我们两个人在啊！现在如果两虎相斗，势必不能共存，那么最终会削弱赵国的力量。我之所以这样做的原因，是

以国家之急为先，而以私仇为后啊！"

廉颇听到这话，就脱去上衣，露出上身，背着荆条，到蔺相如家的门前请罪，说："我这个粗陋卑贱的人，想不到将军宽容我到这样的地步啊！"

秦国因赵国将相同仇敌忾、上下一心，一时也无可奈何。

老廉颇不忘报国

秦始皇二年（前245），赵孝成王去世，其子赵悼襄王继位。他听信了奸臣郭开的谗言，解除了廉颇的军职，派乐乘代替廉颇。廉颇因受排挤而发怒，攻打乐乘，乐乘逃走。廉颇于是离赵投奔魏国大梁（今河南省开封市）。魏王虽然收留了廉颇，却并不信任和重用他。赵国因为多次被秦军围困，赵王便想再任用廉颇，廉颇也想再被赵国任用。赵王派宦官唐玖带着一副名贵的盔甲和四匹快马到大梁去慰问廉颇，看廉颇还是否可用。廉颇的仇人郭开却唯恐廉颇再得势，暗中给了唐玖很多金钱，让他说廉颇的坏话。唐玖见到廉颇以后，廉颇在他面前一顿饭吃了一斗米、十斤肉，还披甲上马，表示自己身体健壮，还可报效国家。但唐玖回去向赵王报告说："廉将军虽然老了，但饭量还很好，可是和我坐在一起，不多时就拉了三次屎。"赵王认为廉颇确实老了，就没再任用他。廉颇也就没再得到为国报效的机会，后来客死楚国。

◇孔明点评◇

爱国有一个浅显的道理，那就是唯有爱是不够的。第一，必须懂得为什么爱。国家一体，爱国与爱家的道理是一样的，国家的命运，与每个人都休戚相关。国家和母亲一样，不能选择。蔺相如深谙此道，所以为了赵国荣誉，置个人生死于度外。他出使秦国，明知是与虎谋皮，却义无反顾。第二，必须懂得怎样爱。爱是具体的，一人一事关乎爱，一言一行关乎爱。譬如蔺相如与和氏璧，相如出使秦国，代表的是赵国，相如机智，所以不辱使命；相如有胆有识，所以赢得尊重；相如无所畏惧，所以全身而退，既保住了和氏璧，也保住了赵国体面。再者，和氏璧不仅仅是一件宝物，国家荣辱亦系

于之。第三，爱国者必须识大体，懂大局。蔺相如识大体，所以不与廉颇正面争锋、计较；懂大局，所以当仁不让。因为他懂得个人利益算不得什么，但个人才能却对国家有用。廉颇幡然悔悟，也是爱国心使然。将相和之所以成为千古佳话，都因为蔺相如、廉颇都有一颗爱国心。

绝地反击，田单救齐

　　田单是齐国田氏王族的远房本家。在齐湣王时，
田单担任首都临淄佐理市政的小官，并不被齐王重用。
后来，燕国派遣大将乐毅攻破齐国，齐湣王被迫从都城
逃跑，不久又退守莒城。在燕国军队长驱直入征讨齐国
之时，田单也离开都城，逃到安平。他让同族人把车轴
两端突出的部位全部锯下，并安上铁箍。不久，燕军攻
打安平，城池被攻破，齐国人争路逃亡，却因所乘的车
辆被撞断了车轴而被燕军俘虏。只有田单和同族人因用
铁箍包住了车轴的缘故，得以逃脱，向东退守即墨。这
时，齐国绝大部分城市已向燕军投降，只有莒和即墨两
城未被攻下。燕军听说齐湣王在莒城，就调集军队，全
力攻打。楚国因燕军攻齐，便派将军淖齿救援齐国，而

淖齿却乘机杀死了齐湣王，同时坚守城池，抗击燕军，燕军几年都不能攻破该城。迫不得已，燕将带兵东行，围攻即墨。即墨的守城官员出城与燕军交战，战败被杀。即墨城中军民说："安平那一仗，田单和同族人因用铁箍包住车轴才得以安然脱险，可见他很会用兵。"于是，大家就拥立田单为将军，坚守即墨，抗击燕军。

过了不久，燕昭王去世，燕惠王登位，他和乐毅有些不和。田单听到这个消息之后，就派人到燕国去行使反间计，扬言说："齐湣王已被杀死，没被攻克的齐国城池只不过两座而已。乐毅是害怕被杀掉而不敢回国，他以讨伐齐国为名，实际上是想和齐国兵力联合起来，在齐国称王。齐国人担心的是，燕国派其他将领来带兵，那即墨城就必破无疑了。"燕惠王认为这些话是对的，就派大将骑劫代替乐毅为将。

田单又扬言说："我最怕的是燕军把俘虏的齐国士兵割去鼻子，放在队伍的前列，再和我们交战，那即墨就必然被攻克。"燕军听到这话，就照此施行。城里的人看到齐国众多的降兵都被割去了鼻子，人人义愤填膺，全力坚守城池，只怕被敌人捉住。田单又派人施反间计说："我很害怕燕国人挖了我们城外的祖坟，侮辱了我们的祖先，这可真是让人寒心的事。"燕军听说之后，又把齐国人的祖坟全部挖出，并把死尸焚烧殆尽。即墨人从城上看到此情此景，人人痛哭流涕，都请求出城拼杀，愤怒的情绪增长十倍。

田单于是从城里收集了一千多头牛，给它们披上大红绸绢制成的被服，在上面画着五颜六色的蛟龙图案，在它们的角上绑好锋利的刀子，把浸满油脂的芦苇绑在牛尾上，点燃其末端。又把城墙凿开几十个洞穴，趁夜间把牛从洞穴中赶出，派精壮士兵五千人跟在火牛的后面。因尾巴被烧，牛都狂怒地直奔燕军，所触及的人非死即伤。齐军五千壮士又随后悄然无声地杀来，而城里的人乘机擂鼓呐喊，紧紧跟随在后面，甚至连老弱妇孺都手持铜器，敲得震天响。齐国人在乱军之中杀死了燕国的主将骑劫。燕军纷乱，溃散逃命，齐军紧紧追击溃逃的敌军，所经过的城镇都背叛燕军，归顺田单。田单的兵力也日益增多，乘着战胜的军威，一路追击，原来

齐国的七十多座城池又都被收复。于是田单到莒城迎接齐襄王回到国都临淄，齐国因此得以复国。

◇孔明点评◇

回望历史，道理一目了然：一国之强、之胜，关键是人。最重要的还是那句老话："人心齐，泰山移。"不是吗？齐国破而后又能得以重建，田单当然功不可没，但人心为其所凝聚，是不容忽视的事实。从今天的眼光来看，田单的反间计似乎有失厚道，譬如燕国军队割俘虏鼻子、挖齐国人祖坟等，但在国家危难面前，他也是无计可施而不得不如此。试想，假如燕兵仁厚，不肯虐待俘虏，不肯掘人祖坟，田单的反间计如何能得逞？一边得人心，一边失人心，一得一失，胜败已在其中，只是个时间问题。历史，真是面镜子呀！

匈奴未灭，何以家为

　　霍去病是大将军卫青的外甥，他勇猛机智，擅长骑马射箭。十八岁时，霍去病做了汉武帝的侍中，虽然年少，他却不甘平庸，渴望杀敌立功。

　　元狩二年（前121），汉武帝任命霍去病为骠骑将军，让他独自率领精兵一万出征匈奴。十九岁的霍去病不负众望，在千里大漠中闪电奔袭，六天中他转战匈奴五部落，与匈奴人短兵相接。结果霍去病杀死了折兰王和卢胡王，擒获了浑邪王的儿子及相国、都尉，一共斩杀了八千多个匈奴士兵。

　　同年夏天，汉武帝决定乘胜追击，展开收复河西之战。霍去病遂再次孤军深入，并取得大胜，就在祁连山，霍去病所部斩敌三万余人，俘虏匈奴王爷五人以及

匈奴大小阏氏（yān zhī，汉代匈奴单于之正妻）、匈奴王子五十九人，还俘获匈奴相国、将军、当户、都尉等六十三人。经此一役，匈奴不得不退到焉支山以北，汉王朝收复了河西平原。曾经在汉王朝头上为所欲为、使无数汉朝人家破人亡的匈奴终于也唱出了哀歌："亡我祁连山，使我六畜不蕃息；失我焉支山，使我妇女无颜色。"从此，汉军军威大振，而十九岁的霍去病更成了令匈奴人闻风丧胆的战将。

元狩四年（前119），为了彻底消灭匈奴主力，汉王朝发起了规模最大的一次战役。汉武帝派卫青和霍去病各带五万精兵分两路合击匈奴。霍去病从代郡出发，率军穿过重重沙漠，遭遇匈奴左贤王部，以一万的兵员损失，斩首俘虏敌兵七万多，俘虏匈奴王爷三人，以及将军、相国、当户、都尉等八十三人。霍去病一路追杀，直到狼居胥山（今蒙古肯特山一带）。霍去病登上狼居胥山，筑坛祭天，以告成功。经此一役，"匈奴远遁，漠南无王庭"。

霍去病和他的"封狼居胥"，从此成为中国历代兵家人生的最高追求，终生奋斗的梦想。而这一年的霍去病，年仅二十二岁。

霍去病年轻有为，非常受汉武帝器重。因军功卓著，汉武帝为霍去病建造了一座华丽的住宅，霍去病却拒绝收下，说："匈奴未灭，何以家为！"不幸的是，霍去病只活到二十四岁就去世了。武帝非常伤心，特意为霍去病建造了一座形状像祁连山的坟茔，用来纪念他的战功。

◇孔明点评◇

汉王朝的历史丰碑上，注定抹不掉霍去病的名字，哪怕他仅仅活了二十四岁！史圣司马迁说："人固有一死，或重于泰山，或轻于鸿毛，用之所趋异也。"霍去病用"匈奴未灭，何以家为"回答了他的生死观，他的死当然重于泰山。在此必须特别指出，不能用今人的民族观衡量霍去病所处的历史格局与个人功绩。作为汉民族的英雄，他的爱国精神是一笔宝贵的遗产，后人应该尊重并发扬光大，而不应该说三道四。

飞将军李广

　　李广是陇西成纪人，他是秦朝名将李信的后代。李家世世代代精熟弓法。

　　一次，匈奴进攻上郡，汉景帝派了一名亲随到李广军中，这名亲随带了几十骑卫士出游，路上遭遇三名匈奴骑士。结果，卫士们全被射杀，亲随本人也中箭逃回。李广闻讯，即率百名骑兵追击，亲自射杀其中两人，生擒一人。他刚把俘虏缚上马，匈奴数千骑兵赶来，见到李广等人，以为是汉军诱敌之兵，连忙抢占了一座高地。李广所带的兵士慌忙上马欲逃。李广大喝："我们远离大军数十里，逃必死！不逃，匈奴以为是诱敌之计，必不敢攻击我们。"遂带领兵士向匈奴骑兵迎去，离匈奴阵前二里之遥，他令士兵下马解鞍。匈奴搞不清他们的意图，果然不

47

敢攻击，只派一名将官出阵试探。李广飞马抢到阵前，将他射落马下，然后从容归队。到夜半时，匈奴人认为一定有汉军埋伏夜袭，遂引兵而去。等匈奴人撤走后李广才带领大家返回军营，从此之后李广智勇双全的名声更响亮了。

公元前140年，汉武帝即位，调李广为未央卫尉。四年后，李广率军出雁门关，被成倍的匈奴大军包围。匈奴单于久仰李广威名，令部下务必生擒之。李广终因寡不敌众而受伤被俘。押解途中，他飞身夺得敌兵马匹，射杀追骑无数，终于回到了汉营。从此，李广在匈奴军中赢得了"汉之飞将军"称号。归朝后，李广被汉武帝革除军职，贬为庶人。

几年后，匈奴杀辽西太守，击败韩安国将军。武帝重新起用李广为右北平太守。匈奴闻"飞将军"镇守右北平，数年不敢来犯。

元狩四年（前119），汉武帝派大将军卫青率军出击匈奴，李广以六十多岁的高龄任前将军职。出塞后，卫青从俘虏口中得知了单于的驻地。他想甩开李广独得大

功，便令李广的前锋部队并入右翼出东道，他自带中军去追单于。李广力争无果，遂引军与右将军赵食其合军出东道。由于道路难走又无向导，最终迷了路。此时卫青与单于接战，单于逃走，卫青只得徒劳而返，在回军的路上才与右翼部队会合。卫青差亲信带着酒肉来慰问李广，并向他询问右翼部队迷路的经过，说卫青要向天子上报，把走失单于的责任推给右将军赵食其。李广一身正气，自然不答应。卫青大为光火，又派人催逼李广的幕僚去中军接受审问。李广说："他们无罪，迷路的责任在我，我自己去受审。"把责任全揽在自己身上。来人走后，李广望着那些多年同生共死的部将，慨然叹道："我自少年从军，与匈奴大小七十余战，想不到现今却被大将军如此催逼，我已年过花甲，哪能再受这样的屈辱！"说罢拔出佩剑引颈自刎。一代名将，就这样含冤，悲惨地陨落了。

李广英勇善战，威名远播。他的死讯一传出，全军将士无不为他伤心哭泣。

◇孔明点评◇

我每读到飞将军李广的故事，便唏嘘不已，为英雄落泪。那是冷兵器时代，所谓身先士卒不是闹着玩儿的，那真是"提着脑袋干革命"，没有视死如归的大无畏精神，真不敢想象，也难以想象。李广将军何等威武，又何其智勇兼忠勇，他的"飞将军"荣誉不是凭空飞来，而是凭借阵前的身先士卒与累累战功挣来的！拥有这样的将军，真是国家之福，汉朝之幸，然而历史总令人恨恨难平！英雄一世，却不能善终，此岂有汉一代的不幸乎？后人真应该引以为鉴，不让英雄含冤绝望应该是国之正道，亦是民之福祉！

苏武牧羊，心存社稷

天汉初年（前100），汉武帝正想出兵打匈奴，匈奴派使者来求和了，还把汉朝的使者都放了回来。汉武帝为了答复匈奴的善意表示，派中郎将苏武拿着象征皇权的旌节，带着副手张胜和随员常惠，出使匈奴。苏武到了匈奴，送回扣留的使者，送上礼物。苏武正等单于写个回信让他回去，没想到就在这个时候，出了意想不到的事儿。

匈奴中有人造反，苏武的手下牵连其中。苏武知道自己会被匈奴追究，有辱使命，便欲举刀自尽，结果被随从救下。单于就把他关押起来不给饭吃，苏武靠吃雪和毡毛活了下来，匈奴人认为很神奇，就把他流放到北海边牧羊，那里所有羊都是公羊，匈奴人却对他说让公

51

羊生下小羊才放他回来。

　　苏武到了北海，那里什么人都没有，唯一和他做伴的是那根代表朝廷的旌节。匈奴不给口粮，他就掘野鼠洞里的草根充饥。日子一久，旌节上的穗子全掉了。一直到了始元二年（前85），匈奴的单于死了，匈奴发生内乱，政权四分五裂。新单于没有力量再跟汉朝打仗，又派使者来求和。那时候，汉武帝已去世，他的儿子汉昭帝即位。汉昭帝派使者到匈奴去，要单于放回苏武，匈奴谎说苏武已经死了。使者信以为真，就没有再提。

　　后来汉朝又有使者来到匈奴，苏武的手下悄悄与其取得了联系，告诉他们苏武还活着。汉朝使者便对匈奴单于说：“汉朝皇帝收到苏武绑在大雁腿上的信，说自己在北海边上牧羊。”匈奴单于信以为真，这才让苏武返回大汉。这中间度过了十九年。

　　苏武出使的时候，才四十岁。在匈奴受了十九年的折磨，胡须、头发全白了。

　　回到长安的那天，长安的人民都出来迎接他。他们瞧见胡须、头发俱白的苏武手里拿着光杆子的旌节，没

有一个不受感动的，说他真是个有气节的大丈夫。

◇孔明点评◇

苏武的爱国精神可概括为八个字：不辱使命，忠贞不贰。爱国不一定非要在疆场上，像苏武那样牧羊十九年而不改回国之志更是爱国。苏武牧羊之所以可歌可泣，是因为他身陷他乡异域，环境恶劣，却坚持活下来，展示的是一颗爱国的赤胆忠心与矢志不渝的坚强信念。一国之民，倘人人如苏武，这个国家即使是弹丸之地，又有谁敢小觑呢？

王昭君出塞和亲

西汉王朝与北方匈奴政权经历了两次和亲和两次战争。第一次和亲是高祖及文景时期，汉王朝休养生息，为安抚匈奴，被迫与匈奴和亲。第一次战争是汉武帝时，进行了河西战争，大胜匈奴，巩固了汉朝政权；第二次战争是汉宣帝即位后，汉宣帝联合乌孙国，攻入匈奴王庭，彻底解决了匈奴侵犯汉朝的问题，彰显了大汉国威。这次战争之后，匈奴五个单于分立，相互攻打不休。其中一部的首领呼韩邪单于向汉朝称臣，南迁到长城附近，同西汉订立了盟约，并向汉王朝求亲，这便是第二次和亲。第二次和亲是汉家为了与匈奴和平共处，是公主下嫁，不是迫嫁。这次和亲，就是历史上著名的昭君出塞。

王昭君，名嫱，字昭君，乳名皓月，西汉南郡秭归（今湖北省兴山县）人，中国古代四大美女之一。中国成语沉鱼落雁里的"落雁"，便指昭君。晋朝时为避司马昭讳，又称"明妃"。据蔡邕《琴操》记载，昭君十七岁时，端正娴丽，美貌动人，其父王襄见她异于常人，就拒绝了别人的求婚，将昭君献给了元帝。公元前33年，匈奴呼韩邪单于来朝，请求和亲。当时昭君已经入汉宫数年，尚未得到皇帝宠幸，就主动请求和亲匈奴。呼韩邪单于临行前，元帝饯行。看见昭君衣着靓丽，容貌美艳，元帝非常吃惊，想要留下但又不愿失信，只好将其赐予呼韩邪单于为阏氏。

昭君出塞后，她劝呼韩邪单于不要去发动战争，还把中原的文化传给匈奴。从此，汉匈两族团结和睦，国泰民安。昭君为实现汉朝与匈奴的和睦相处而远嫁匈奴，开创了汉匈间数十年无战事的和平局面。她与她的后代对汉匈两族人民和睦亲善与团结做出了巨大贡献，大大缓解了汉朝与匈奴的紧张关系。昭君出塞的故事，成为我国历史上流传不衰的民族团结佳话，昭君本人也深为百姓称颂和爱戴。著名史学家翦伯赞作《题昭君墓》："汉武雄图载史篇，长城万里遍烽烟。何如一曲琵琶好，鸣镝无声五十年。"对王昭君的历史贡献做了极高的评价。

◇孔明点评◇

王昭君出塞的故事真算得上是流芳百世，家喻户晓。虽然仁者见仁，智者见智，但王昭君的历史贡献在那儿摆着。五十年"鸣镝无声"，汉匈友好，省了军费，又避免了军民伤亡，这功劳不记给昭君，该记给谁呀？要知道那是在两千多年前，一个十九岁的女孩子自愿离开繁华的都城长安，远嫁蒙古草原过游牧生活，那是难以想象的，即使放在今人身上，要做出那样的选择也是需要勇气和胆识的。我们尊重王昭君，是因为她以自己的青春年华换取了汉匈百姓的福祉，只此一举便足可彪炳千古，功照日月！

男儿死疆场，马革裹尸还

　　"穷当益坚，老当益壮""男儿要当死于边野，以马革裹尸还葬耳"。我们今天听到的这些耳熟能详的话，都出自东汉名将马援之口。

　　马援（前14—49），字文渊，扶风茂陵（今陕西兴平）人。马援是战国时期名将赵奢的后代，由于赵奢被封为马服君，所以他的一部分子孙姓马。虽然马援的祖先是西汉世家，但世代清廉，家中并不富有。马援的父亲在他十二岁时去世后，生活更显得拮据。少有大志的马援，曾经想放弃学业去边疆开垦，他的大哥也答应了，并且对他说："你是我们马家最有希望的人，当会大器晚成。"

　　后来马援投效光武帝刘秀，协助平定群雄。此时，羌人作乱，朝中大臣多半主张放弃羌县，免得朝廷为了辽阔的边区耗损国力。马援却独排众议，认为不可轻言放弃国土，畏首畏尾将导致更大的祸患，因而率领大军，猛扑羌人，赢得胜利，因而被任命为陇西太守。然后，他劝导农耕，兴办水利，羌民得以安居乐业。

东汉建武十七年（41），马援南征交趾，大获全胜，回都以后，匈奴正在边境为患。这位报国心切的英雄，又不顾一切地请求出征，他拍着胸脯说："男儿要当死于边野，以马革裹尸还葬耳，何能卧床上在儿女子手中耶？"他始终认为，男子汉大丈夫要死在战场才光荣，躺在病床上靠儿女服侍算什么。

马援最后一次出征是建武二十四年（48）。他听说汉军深入蛮夷很久不得平定，又跃跃欲试，请求光武帝派他出征。不服老的马援亲领大军，冲锋陷阵，战绩辉煌，最后不幸染上瘟疫，病死军中，完成了马革裹尸的壮志。

马援不汲汲于功名利禄，他担心的只是自己无功受禄，才德不能称位，因而，总想尽可能多地为国家出

力。生前皇帝赏赐的钱财，他全部都分与将士们，深得将士们的爱戴。

◇**孔明点评**◇

　　马援之所以受到后人的尊重，不仅仅是因为他为国立有赫赫战功，我觉得更重要的是他爱国、报国的赤子之心。他把自己的报国之志与国家安危捆绑在一起，他把自己的命运与国家的命运看成一体，所以说他不是为自己活着，也不是为功名利禄活着，而是为自己的国家活着。这样的人品、人格，这样的赤子之心与赤胆忠魂，这样的忘我精神、奉献精神，都可彪炳史册而光鉴后世！

不入虎穴，焉得虎子

班超（32—102），字仲升，扶风郡平陵县（今陕西咸阳东北）人，东汉时期我国著名军事家、外交家。他是史学家班彪的幼子，他的长兄班固、妹妹班昭也是著名史学家。班超为人有大志，博览群书。班超年轻时为官府抄写文书以补家用，每日伏案挥毫。曾停下来扔下笔叹息说："我身为大丈夫，尽管没有什么突出的计谋才略，总应该学学在国外建功立业的傅介子和张骞来封侯晋爵，怎么能够老是干这笔墨营生呢？"旁人都嘲笑他，班超却说："凡夫俗子又怎能理解志士仁人的襟怀呢！"于是投笔从戎，随窦固出征匈奴（"投笔从戎"的典故由此而来）。

窦固很赏识他的才干，于是派他和从事郭恂一起出

使西域，以加强与西域各国的交流。班超就和郭恂率领
三十六名部下向西域进发。班超先到鄯善（今新疆吐鲁
番市鄯善县）。鄯善王对班超等人先是嘘寒问暖，礼敬
备至，后突然改变态度，变得疏懈冷淡了。班超凭着自
己的敏感，估计此事必有原因。他对部下说："难道没
有觉察出鄯善王对待我们礼节疏薄了吗？这一定是匈奴
的使者来了，他犹豫不决，不知何去何从。聪明人在事
情还没有发生前就能觉察出来，何况现在形势已经很明
朗了呢！"

　　于是，班超便把接待他们的鄯善侍者找来，出其
不意地问他："匈奴的使者已经来了好几天了，他们现
在在哪里？"侍者仓促间难以置辞，只好把情况照实说
了。班超打听到匈奴的使者驻地离这儿才三十里地，知
道鄯善王又是恨他们，又是怕他们，正为难着。班超便
把鄯善国侍者关押起来，以防泄露消息。他立即召集部
下三十六人，饮酒聚会。饮到酣处，班超故意设辞激怒
大家："你们跟我千辛万苦来到西域，想的就是为国立
功。没想到匈奴的使者也来了。要是鄯善王把咱们抓起

来送给匈奴，咱们连尸骨都要喂豺狼了。大家说该怎么办？"众人都说："今在危亡之地，死生都听从您的意见！"班超说："不入虎穴，焉得虎子。现在最好的办法，只有借着夜色用火攻击匈奴人，他们不知道我们有多少兵力，一定非常震惊害怕，这样就可以把他们全部消灭。咱们杀了匈奴使者，鄯善王还能不归顺汉朝吗？"有部下说："应该和从事（郭恂）商量一下。"班超很生气，说："吉凶就在今天。从事是个文官，听到这个消息就怕了，咱们的计划肯定会泄露出去，咱们肯定是白死，连壮士也算不上！"部下一致称是。

刚入夜，班超就带领着官兵直奔匈奴人的营地。正遇上大风呼啸，班超让十个人带着鼓藏到敌人帐篷的后面，跟他们约定说："看到大火烧起来后，你们一定要一齐击鼓大喊。"二十人带着刀枪弓弩等兵器埋伏在门两旁，他带着六个人顺风放火，帐篷后的人一齐击鼓呐喊。匈奴兵将惊吓得乱了营，逃遁无门。班超亲手杀了三人，官兵们斩杀了匈奴使者和部下三十多人，其余的一百多人全被大火烧死。

第二天，班超请来了鄯善王，把匈奴使者的首级给他看。鄯善王大惊失色，举国震恐。班超好言抚慰，晓之以理，鄯善王表示愿意归附汉朝，并且同意把王子送到汉朝做质子。

班超完成使命，率众回都，把情况向窦固做了汇报。窦固大喜，上表朝廷奏明班超出使经过和所取得的成就，并请皇帝选派使者再度出使西域。汉明帝很欣赏班超的勇敢和韬略，正式委任班超为军司马，率领其旧部三十余人，出使西域。

班超经营西域三十年，屡建奇功，使西域五十余国归附东汉王朝，西域南北两道重得畅通无阻，闻名于世的丝绸之路再次成为沟通东西的桥梁。班超也因平定西域，促进民族融合的卓越贡献，在永元七年（95），被汉和帝下诏封为定远侯。永元十四年（102），朝廷恩准班超退休回国。而班超从西域回到洛阳一个月后，就去世了。他把自己的一生贡献给了国家。

◇孔明点评◇

班超一生注定与中国西域连成一体。他的胆识、才能和功业，都令我们子孙后代敬仰，他的一颗爱国心更堪与日月争辉。今天，当我们置身在广袤的古西域土地上时，心底油然而生的自豪感使我们很自然地怀念班超。谁能想象在班超所处的那个时代，他带领三十六位随员出使西域，视死如归，临危不惧，随机应变，不辱使命，其浩然之气、磅礴之势抵得千军万马！或问班超底气从何而来？两个字：爱国！除此而外，他之所以有此底气，背靠国力是一，胆识过人是二，随机应变是三，主动出击是四。历史不能假设，所以我们为拥有班超这样的民族英雄而万分庆幸！

诸葛亮为国鞠躬尽瘁

　　在《三国演义》中，诸葛亮作为"智圣"的化身，被千千万万的普通百姓崇拜，在中华文化圈的影响最为广泛和深远。而在中国历史上，诸葛亮最为学人称道的，还是他那"淡泊以明志，宁静而致远"的襟怀和"鞠躬尽瘁，死而后已"的忠君爱国思想。

　　诸葛亮（181—234），字孔明，三国蜀汉徐州琅邪阳都（今山东沂南）人。青年时耕读于南阳郡，将近十年。诸葛亮志向高远，喜好吟诵抒发辅助诸侯成就霸业情怀的乐府诗《梁甫吟》，常常以古代名相管仲、名将乐毅自比，当时的人多不以为然，只有好友徐庶、崔州平、孟建、石韬相信他的才干。他与当地名士司马徽（水镜先生）、庞德公、黄承彦等有结交，地方上称其

65

卧龙先生。当时，刘备依附荆州牧刘表，司马徽、徐庶便极力向刘备推荐诸葛亮，说诸葛亮是人中卧龙，若想成就大事，就一定要亲自去请。刘备求贤若渴，便屈尊枉驾，前后三次，专程去诸葛亮所居住的茅庐拜访，诚邀诸葛亮出山。诸葛亮即向刘备分析了当时的天下大势，向刘备提出了联吴抗曹，西取巴蜀，三分天下，进而统一中国的战略构想。这就是历史上著名的"隆中对"（也称"草庐对"）。刘备听后，正合心意，十分高兴地说："我有了诸葛亮，就像鱼有了水一样！"

诸葛亮确实也不负刘备所望，义无反顾地跟随刘备，并在之后的时日里，辅佐刘备，一步步实现了自己的战略构想。先是联吴抗曹，取得了赤壁之战的胜利，在荆州有了立足之地；接着西取西川，占领巴蜀，成就了三国鼎立的格局；之后南取云贵，建立了战略大后方。特别是刘备去世后，诸葛亮承担托孤顾命之重任，忠心耿耿地辅佐后主。他多次北伐，六出祁山，呕心沥血，日夜操劳。先后两次上《出师表》，言辞恳切，劝说后主"亲贤臣，远小人"，继承先帝遗志，广开言

路，赏罚分明，完成兴复汉室的大业，表达了对先帝知遇之恩的感激之情及北定中原的决心。诸葛亮终因积劳成疾，累死军中。诸葛亮真正做到了"鞠躬尽瘁，死而后已"，他也因此成为后世人们追慕的一代圣贤。

◇孔明点评◇

俗话说"有口皆碑"，诸葛亮即其典范。他有才华，有抱负，这是他的实力所系；他有朋友，有知音，这是他的魅力所凭；他能遇见刘备那样的雄主，识人、用人而不疑，这是他的幸运所在！他的与众不同，就是一生才华、忠诚都发挥到极致，说他"鞠躬尽瘁，死而后已"可谓名副其实。中国不缺人才，但缺诸葛亮那样的忠诚之心；中国不缺雄主，但缺刘备那样的开阔襟怀！君臣相得，鱼水相谐，成就了三国鼎立的战略格局。诸葛亮也因其"鞠躬尽瘁，死而后已"的精神，成为千古名相，彪炳史册。

民族融合，巾帼英雄

冼夫人（512—602），南北朝时期高凉郡（今广东阳江市西）俚人（壮族先民的分支），为俚人杰出的女领袖和军事家。

冼氏世代均为俚人首领。冼夫人生于梁武帝初年，嫁与南梁宋康郡公高凉太守冯宝，辅佐其平息了广东原住民与中原人士的冲突，促进了中原人和南越族的和解，引领海南岛各族部落归附南梁，南梁由此开始设立崖州。

南梁侯景之乱时，冼夫人率兵击破高州刺史李迁仕，并与都督陈霸先联合。陈朝建立后，冼夫人即率众归附陈朝。陈朝太建二年（570），广州刺史欧阳纥反，将冼夫人儿子冯仆骗去，欲诱迫他同反。冼夫人不以儿

子安危为念而以国家责任为先，立即布兵拒境，并与陈朝军队全力击溃叛军，获封为中郎将、石龙太夫人，仪仗比照刺史。

隋文帝出兵南下灭陈朝后，冼夫人保境安民，被南越族尊为"圣母"。隋朝总管韦洸被陈朝岭南守将徐璒所阻，在岭下停滞不前，无法进入岭南。隋朝平陈主帅杨广命令陈后主致书冼夫人，使其归附隋朝，为了证明是真的，还把冼夫人曾经献给陈朝皇帝的扶南犀杖及陈后主的兵符拿给她看。冼夫人见到信及物件，始确信陈朝已灭亡，便派孙子冯魂迎接隋朝总管韦洸，陈朝岭南各地才闻风归附。从此岭南地区全部归隋朝管辖。

后来番禺人王仲宣谋反，越族首领纷纷响应。叛军将隋朝总管韦洸围困于岭南首府南海，并派兵进屯衡山，断绝中原和岭南的交通。冼夫人派遣孙子冯暄领兵救援韦洸。由于冯暄与叛军将领陈佛智私交很好，便故意停留不前，使得南海之围迟迟不能解脱。冼夫人知道之后，派人将冯暄监禁，改派另一名孙子冯盎讨伐陈佛智。冯盎击败陈佛智并将其斩首，再进兵至南海，与隋军会合，共同击败王仲宣。这一仗，冼夫人亲自披甲，率领军队，保护隋文帝使节裴矩招抚岭南各州，使苍梧郡南越族首领陈坦、冈州冯岑翁、梁化邓马头、藤州李光略、罗州庞靖等皆来参谒裴矩，归顺隋朝。隋文帝大表赞赏，拜冯盎为高州刺史；并赦免冯暄，拜为罗州刺史；追赠冯宝为广州总管、谯国公；册封冼夫人为谯国夫人，让谯国夫人开创幕府，可以自由任命长史及下属官员，可以调动南越族各部及岭南六州兵马，若遇有紧急事件，可代表朝廷全权处置。冼夫人在隋仁寿二年（602）身故，享年九十一岁，谥诚敬夫人。

冼夫人是中国古代岭南地区最受赞誉、最具传奇色彩的政治家，在协助梁、陈及隋三朝治理岭南方面业绩辉煌，结束了中国历史上历时近三百年的大分裂局面。周恩来曾称颂冼夫人为"中国巾帼英雄第一人"。

◇**孔明点评**◇

在中国历史上，冼夫人算得一个奇人。她虽为女流，胆识却不让须眉，甚至在须眉之上；领袖一方，却拒绝割据；既已认定陈朝、隋朝为正宗，便诚心归附，

忠贞不贰。自古道："识时务者为俊杰。"冼夫人堪称人中翘楚，不仅识时务，而且识大体。隋王朝能统一中国，冼夫人功不可没。

文成公主入藏

　　唐太宗时，松赞干布已称雄雪域高原，建立了统一的吐蕃王朝，定都逻娑（今西藏拉萨），并积极谋求与唐朝建立密切关系。从贞观八年（634）始，松赞干布两次派大相禄东赞出使长安，向唐皇求亲。贞观十五年（641），唐太宗终于同意了松赞干布的请求，答应把宗室女文成公主嫁给他。于是文成公主在唐蕃专使及众侍从的陪同下，踏上了漫漫的唐蕃古道。松赞干布亲自率军远行至柏海（今青海玛多县境内）迎候。松赞干布非常喜欢贤淑多才的文成公主，专门在逻娑城为公主修筑了布达拉宫。

　　松赞干布迎娶文成公主后，中原与吐蕃之间关系极为友好，此后两百多年间，很少有战事，使臣和商人频

繁往来。松赞干布十分倾慕中原文化，他脱掉毡裘，改穿丝布，派吐蕃贵族子弟到长安国学读书。唐朝也不断派出各类工匠到吐蕃，传授各种技术。

当时，唐朝佛教盛行，而藏地尚无佛寺。文成公主是一位虔诚的佛教徒，她携带了佛塔、经书和佛像入蕃，建寺弘佛，吐蕃先后建成了著名的大昭寺、小昭寺。文成公主还从大唐带来了五谷种子及菜籽，教人们种植。玉米、土豆、蚕豆、油菜能够适应高原气候，生长良好。而小麦却不断变种，成了藏族人喜欢的青稞。文成公主还带来了车舆、马、骡、骆驼，以及相关生产技术和医学著作，促进了吐蕃的社会进步。文成公主入藏，促进了唐蕃间社会经济文化的交流，增进了汉藏两族人民亲密友好关系，为中华大家庭的和谐发展做出了历史性的贡献。

◇孔明点评◇

文成公主是中国历史上的一位伟大女性，她以唐王朝宗室女的身份远嫁吐蕃松赞干布，开汉藏民族友好先河，并为汉藏和睦相处树立了典范。文成公主之所以被藏民奉若神明，使她享受菩萨的香火供养而千年不曾间断，是她的历史贡献使然，更是她的个人魅力使然。她居藏近四十年，给藏族同胞带去的是实实在在的实惠与文明，特别是精神食粮（佛教），使老百姓感受到了春风般的温暖。而老百姓发自内心的拥戴必然会转化为一种正能量，成为汉藏友好的原动力与源泉。历史就是这样写成的，个人的魅力不可低估，文成公主所以才会留名青史、流芳百世！

李白歌咏祖国
美好河山

　　李白（701—762），字太白，号青莲居士，唐代伟大的浪漫主义诗人，有"诗仙"之称。幼时居四川江油青莲乡。少年时即显露才华，博学广览，吟诗作赋，有侠客之风。25岁起辞亲远游，漫游各地。唐玄宗天宝初年曾供奉翰林，他恃才傲物，不被任用，不久便被"赐金放还"，离开长安。安史之乱时，李白怀有平乱之志，入永王幕府，受牵连，被流放夜郎，途中遇赦。晚年漂泊困苦，逝于安徽当涂。他写了大量歌颂祖国山河的诗篇。他的诗对后人有深远的影响。

　　李白诗风雄奇豪放，想象丰富，语言流转自然，音律和谐多变，善于从民歌、神话中汲取营养，形成其特有的瑰丽绚烂色彩。他特别擅长描绘祖国的壮丽山河、

75

自然风光，表达了对祖国山河的崇敬和热爱之情。

　　李白《梦游天姥吟留别》，描写浙江的天姥山、天台山："天姥连天向天横，势拔五岳掩赤城。天台四万八千丈，对此欲倒东南倾。"《望庐山瀑布》描写庐山："日照香炉生紫烟，遥看瀑布挂前川。飞流直下三千尺，疑是银河落九天。"《渡荆门送别》描写湖北荆门："渡远荆门外，来从楚国游。山随平野尽，江入大荒流。"《将进酒》描写壮美、苍茫的黄河："君不见，黄河之水天上来，奔流到海不复回。"《蜀道难》描写唐代蜀道的崎岖险阻："噫吁嚱，危乎高哉！蜀道之难，难于上青天！""西当太白有鸟道，可以横绝峨眉巅。""黄鹤之飞尚不得过，猿猱欲度愁攀援。青泥何盘盘，百步九折萦岩峦。""连峰去天不盈尺，枯松倒挂倚绝壁。飞湍瀑流争喧豗，砯崖转石万壑雷。""剑阁峥嵘而崔嵬，一夫当关，万夫莫开。""蜀道之难，难于上青天，侧身西望长咨嗟！"《望天门山》描写安徽天门山及长江："天门中断楚江开，碧水东流至此回。两岸青山相对出，孤帆一片日边来。"《早发

白帝城》描写长江的山水壮美："朝辞白帝彩云间，千里江陵一日还。两岸猿声啼不住，轻舟已过万重山。"《黄鹤楼送孟浩然之广陵》描写长江的浩茫奔流："故人西辞黄鹤楼，烟花三月下扬州。 孤帆远影碧空尽，唯见长江天际流。"

　　李白的爱国山水诗篇，气势豪迈，举不胜举，读之使人热血沸腾，意气风发，对祖国美好河山的热爱之情油然而生！

◇孔明点评◇

　　李白既是伟大的浪漫主义诗人，又是伟大的爱国主义诗人，他的爱国之心寄生于诗篇之中，潜移默化影响了一代又一代的中国人。读李白诗，最直接的感受是回肠荡气，气势磅礴，读者每于吟诵之中对祖国山河之壮美肃然起敬，骤然生爱。仅此而言，李白是"另类"的爱国主义者，他才华横溢，却报国无门，唯有把满腹经纶与才华化为诗篇，并赋予爱国情怀，使读者既享受到诗歌本身的文学之美，又感受到诗歌内涵的爱国之情。李白能以诗仙之尊屹立于中国文学史册，其诗歌艺术性与爱国心的完美结合应该是最根本的原因。

杜甫忧国忧民赋
"吏" "别"

　　杜甫（712—770），字子美，曾自称少陵野老，祖籍襄阳（今湖北襄阳），自其曾祖时迁居巩县（今河南巩义西南）。自幼好学，知识渊博，颇有政治抱负。唐玄宗开元后期，杜甫漫游各地，寓居长安近十年，生活贫困，对社会状况有深刻认识。安史之乱爆发，长安陷落，杜甫被困，后逃奔至凤翔，谒见肃宗，官左拾遗。长安收复后，杜甫任华州司功参军，不久弃官，后移家成都，一度在剑南节度使严武幕中任参谋，职检校工部员外郎，世称"杜工部"。晚年携家出蜀，病逝湘江（一说耒阳）。杜甫在诗中大胆揭露了当时的社会矛盾，对穷苦人民寄予深切同情，善于选择具有普遍意义的社会题材，反映当时政治的腐败，表达人民的愿望，

尤其是反映了唐代由开元天宝盛世转向分裂衰落的历史过程，他的诗被称为"诗史"。

杜甫最著名的诗歌有"三吏"（《新安吏》《石壕吏》《潼关吏》）、"三别"（《新婚别》《垂老别》《无家别》）、《茅屋为秋风所破歌》、《兵车行》等，对当时中国社会现实都有入木三分的刻画。其他诗篇如《春望》是千古名篇："国破山河在，城春草木深。感时花溅泪，恨别鸟惊心。烽火连三月，家书抵万金。白头搔更短，浑欲不胜簪。"又如《闻官军收河南河北》更是脍炙人口："剑外忽传收蓟北，初闻涕泪满衣裳。却看妻子愁何在，漫卷诗书喜欲狂。白日放歌须纵酒，青春作伴好还乡。即从巴峡穿巫峡，便下襄阳向洛阳。" 前者作于唐肃宗至德二载（757），当时长安陷落，满目疮痍，诗人眼中，花草都噙满眼泪，鸟儿也惊慌失措，饱含着国破家亡的深重感慨；后诗作于唐代宗广德元年（763）春，此年正月史朝义自缢，他的部将李怀仙斩其首来献，安史之乱结束，消息传来，诗人情不自禁，双泪奔流，诗书漫卷，纵酒放歌，仿佛一下子就回到了日思夜念的故乡。

杜甫在诗歌艺术上，风格多样，以沉郁为主；语言精练，具有高度的表达能力；注重反映社会现实。在中国文学史上，杜甫与李白齐名，被尊为"诗圣"。

◇孔明点评◇

李白是诗仙，杜甫是诗圣，一仙一圣，真是中国文学史上的两道绝美的风景。如果说李白是浪漫的爱国主义诗人，那么杜甫就是现实的爱国主义诗人。都是爱，却发出了不同的声音。杜甫与李白一样，也是怀才不遇，又与李白不一样，对下层老百姓的疾苦有更多的感同身受。他亲历过开元盛世的辉煌，也领略过"国破家何在"的衰败，更目睹了"处江湖之远"的社会原生态。以此之故，他的诗篇里既有对民生凋敝的揭露，又有对官府弊政的批判，还有对社会不公的呐喊。但更为珍贵的是他对美好生活仍抱有渴望，譬如"安得广厦千万间，大庇天下寒士俱欢颜"等诗句，就证明他对社会人生并没有完全绝望。这是积极心态，也是鼓舞人心的诗歌意义所在！

颜真卿为国捐躯

颜真卿是我国唐朝时期著名的书法家，与欧阳询、褚遂良、柳公权并称为唐代"四大书法家"。他三岁的时候父亲就去世了，由母亲抚养成人，一生历经玄宗、肃宗、代宗、德宗四朝，最后官职做到了太子太师，封鲁郡开国公，世称"颜鲁公"。除在书法艺术上的卓越成就之外，颜真卿尽职尽责，威武不能屈，为国家视死如归的高尚节操也为世人所称道。

二十六岁那年颜真卿中了进士，从此顺利踏上仕途。唐天宝九载（750），颜真卿由监察御史转任殿中侍御史，在御史台下属的三院之一的察院任职。在此期间，他因为替御史中丞宋浑辩护，得罪了宰相杨国忠。杨国忠为了排斥异己，随便找了个理由就把他调离出京，降为平原太守。

　　平原郡属平卢、范阳、河东三镇节度使兼河北采访处置使安禄山辖区。颜真卿到任后，积极整顿吏治，减轻百姓的税赋负担，选拔人才，短短两年时间，就把平原郡治理得井井有条，百姓安居乐业。其好友高适听说后，还专门作了一首诗送给他，借以表示祝贺。

　　那时候，安禄山图谋造反已经露出苗头。颜真卿觉察后，一方面暗中搜集安禄山阴谋反叛的证据，向朝廷报告，一方面加固城防，招募壮丁，储存粮草，积极备战。表面上却装作每日与朋友泛舟饮酒，不问世事。安禄山看到这些后，认为颜真卿只不过是一介书生，根本就没把他放在眼里。

　　天宝十四载（755），安禄山率领所部兵马并纠集同罗、奚、契丹、室韦士兵十五万余众，号称二十万人，在范阳造反。那时候，唐王朝由于经过一百多年的太平盛世，边备松弛，将无战心，兵无斗志，加之唐玄宗多年来一直荒于政事，宠信奸佞，沉溺于奢华享乐中，对叛乱疏于防范，所以安禄山只花了一个多月时间就从范

阳一直打到了东都洛阳，直逼潼关。

叛军南下的时候，因为平原郡位于范阳东南方向，远离大道，所以并未遭到进攻。颜真卿趁此机会整顿兵马，招募四方勇士，一时间他的兵力由过去的三千多人扩大到一万多人。为了钳制叛军，他积极联络时任常山郡太守的堂兄颜杲卿，邀其共同骚扰叛军后方。

当时，河北军民共同推举颜真卿为盟主。颜真卿和颜杲卿切断安禄山从范阳到洛阳的联络线，使安禄山的后方受到严重威胁。为此，安禄山不得不暂缓攻打潼关的计划，派史思明、蔡希德等将领回师北上，集中兵力攻打博陵、常山。颜杲卿率领部下英勇反击，最终因为实力悬殊，兵败被杀，常山城落入叛军之手。

堂兄颜杲卿牺牲后，颜真卿将国仇家恨融在一起，抗击叛军的意志更加坚定。不久，他率部攻克魏郡，并约北海太守贺兰进明共同抗敌，给安禄山的后方地区造成严重不稳。

天宝十五载（756）七月，太子李亨在灵武即位，改元至德，这就是唐肃宗。唐肃宗即位后，任命颜真卿为河北采访使。此时，安禄山利用唐肃宗调走河北兵力的机会，进攻平原郡。颜真卿孤立无援，被迫放弃城池。随后，他积极协助河东节度使李光弼和朔方节度使郭子仪攻打叛军，为"安史之乱"的最终平定做出了很大贡献。

"安史之乱"平定后，唐王朝由盛转衰，从此陷入藩镇割据的局面。唐德宗建中二年（781），淮西节度使李希烈依仗兵力雄厚，号称天下都元帅，反叛朝廷。唐德宗大为震惊，找宰相卢杞商量。当时颜真卿任太子太师，在朝廷内外享有很高威望，但也因此受到卢杞的忌恨。于是卢杞就向唐德宗建议派颜真卿去劝说李希烈归降朝廷。这时候，颜真卿已经是七十开外的老人了。文武官员听说朝廷派他到叛镇去劝降，都为他的安全担心。而颜真卿却不以年老为由而逃避皇命，临行之前，他给儿子写了一封诀别信，希望他能为国尽忠，为家尽孝。

颜真卿到了李希烈军中，劝说他停止叛乱，归顺朝廷。李希烈的部将在其刻意安排下拿着明晃晃的钢刀，围住颜真卿又是谩骂，又是威胁。但颜真卿面不改色，

只是朝着他们冷笑。李希烈见恐吓对颜真卿不起作用，于是命令这些人退下。接着，下令把颜真卿送到驿馆里，并派人到驿馆劝他拥戴自己称帝，并承诺称帝后将任命颜真卿为宰相。颜真卿不为所动，并表示自己连死都不怕，岂是宰相能收买得了的！

李希烈拿颜真卿没办法，只好把他关了起来，派士兵监视着。

兴元元年（784），李希烈自称楚帝，又派部将逼颜真卿归顺自己。士兵们在囚禁颜真卿的院子里，堆起柴火，浇足了油，威胁颜真卿说："再不投降，就把你放在火里烧！"颜真卿二话没说，纵身就往火里跳去，士兵们无奈，只好拦住了他。

贞元元年（785）八月，李希烈想尽办法，终没能使颜真卿屈服，终于恼羞成怒，派人将其缢杀。这一年，颜真卿七十七岁。

◇孔明点评◇

颜真卿是真正的人杰。他的书法自成一体，堪称独门绝活，却不自恃绝技而傲当世；他的爱国之心彪炳日月，浩气长存。后人临颜体而孜孜矻矻，殊不知颜体的灵魂不在字里，而在字外。他的浩然正气滋养了书法，他的书法寄托了他的赤胆忠心与豪情。故此，他的书法具有豪迈的气概与脱俗的风骨。写字先做人，颜真卿是榜样。书法求正道，德行不可缺。

郭子仪再造唐室

收复两京

　　郭子仪是中唐时的名将，唐室江山多次在岌岌可危的情况下，都有赖于他力挽狂澜，才使唐朝转危为安。

　　天宝年间，唐玄宗昏庸荒淫，奸佞当道，吏治不修，武备不整，以致内忧外患、人心浮动，最后引发了"安史之乱"。当时叛军一路南侵，势如破竹，所到之处唐军一触即溃。瞬间，河北、河南诸郡及东都洛阳都相继沦陷，最后叛军兵临潼关，直逼长安而来。眼见唐朝江山岌岌可危，在无人可以御敌的情况下，郭子仪临危受命，率军迎敌。他骁勇善战、用兵如神，于是情势逆转，叛军节节败退，唐军一举收复了云中、马邑等

87

地。郭子仪出师后，一扫安史叛乱以来消沉的气氛，使唐朝看到了一丝希望的曙光。

后来他不计前嫌，重用旧识李光弼，命他从另一路率军迎敌。在郭、李两股力量夹击下，史思明不敌败退。眼看安禄山也要被唐军击溃时，昏庸的唐玄宗在形势好转的刺激下，命令哥舒翰率领素无训练的潼关守军，出关歼灭敌人。哥舒翰知道此行必败，临阵大哭。结果哥舒翰的军队大败，叛军攻入潼关，并趁势占领了长安。唐玄宗仓皇逃往成都，战局陡然恶化。

唐朝两京被安史叛军占领不久，唐玄宗传位给儿子肃宗。肃宗即位后，把全部希望寄托在郭子仪身上，命他领军收复两京，可是在具体战略上，却听信宦官和佞臣之言，强加干涉。本来计划李光弼、郭子仪两军分头在范阳和长安两地来回袭扰叛军，最后再会合于长安，一举歼灭叛军，但是肃宗却命令郭子仪直接挥军到长安灭敌。

郭子仪受命后，挥军长安城下与几十万叛军决战。郭子仪预知叛军已设下伏兵，于是派兵绕到叛军阵营后

面奇袭，叛军首尾不能兼顾，不得已弃城而逃。长安终于宣告收复。

接着，郭子仪又挥军连克潼关、华阳、弘农，并进逼洛阳。那时安禄山之子安庆绪依山列阵，居高临下，地形对唐军十分不利。郭子仪令四千回纥骑兵绕到山后，而唐军则且战且退，诱使敌军离开有利地形，然后回纥兵再从后面杀上去占领山顶，并居高临下摇旗呐喊，这边唐军掉头回马杀去，使叛军进退两难、自乱阵脚，安庆绪大败只好放弃洛阳，逃到相州去了。就这样，东都洛阳也回到唐朝的手中了。

再复京城

两京收复后，由于郭子仪的功劳太大，受到佞臣的妒忌，他们向肃宗进谗言解除了他的兵权。唐代宗继位后，唐军忙于对北方用兵，京城的兵力空虚。此时吐蕃却突然从河西走廊向长安节节逼近，告急文书像雪片一样飞入朝廷，直到吐蕃攻下武功，眼看就要兵临长安，唐代宗方才匆匆命令让郭子仪迎敌。当时郭子仪正赋闲在家，手上没有一兵一卒，受命后只带着二十几名随从就赶赴前线了。他一路招兵买马，到长安时已有万余人了。可是此时长安城已破，唐代宗逃到陕州避难。郭子仪面对吐蕃二十余万兵马，要收复长安，简直难如登天。

郭子仪料定吐蕃人一向多疑，占领长安未遇唐军主力，必心存疑惑，恐是唐军的诱敌之计。于是他令一支部队到城外的山上，燃起上万个火堆，擂鼓呐喊，同时派一队骑兵在城下巡逻，装作大军压境的样子，又派人潜入长安城内笼络数百名少年，夜里四处击鼓呐喊："郭将军回来啦！郭将军回来啦！唐朝大军要攻进来了。"吐蕃军队在慌乱之下，吓得迅速退出了长安。

郭子仪以万余散兵，吓退吐蕃二十万大军，使唐代宗十分感动。回到长安后，赐给郭子仪铁券，并且把他的画像高悬于宫里的凌烟阁中。

单骑赴会

郭子仪年近古稀之时，唐朝再一次面临生存的危机。叛将仆固怀恩勾结吐蕃、回纥等三十万大军分几路进犯中原，并且攻陷凤翔，直逼长安。郭子仪再一次临危受命，赶赴前线。此时仆固怀恩因病身亡，而回纥与吐蕃之间又出现矛盾。郭子仪认为机不可失，于是派人去见回纥主将药葛罗，转达郭子仪的问候之意。药葛罗在当年唐军收复两京时，曾见过郭子仪，对于他宽厚的为人及用兵谋略相当佩服，但他不相信郭子仪现在还活着，就让使者转告："请郭老将军亲自来谈。"

郭子仪闻讯后，就要单骑前往回纥大营。众将百般劝阻，他的儿子郭晞更是阻拦不让他前去冒险。郭子仪说："如今强敌当前，要是交战的话，不但我们父子的性命难保，就是唐室江山也是危在旦夕。现在唯一的办法，就是以诚意劝服回纥，如果成功，那是天下人的福分；如果失败，我个人性命又算得了什么呢？"说完，就带了几名随从出了军营。

　　郭子仪到了回纥营前，回纥兵如临大敌，弯弓搭箭，准备迎战。只见郭子仪不慌不忙，卸掉盔甲，放下长枪，缓步走向营门。药葛罗及回纥众将见真的是郭子仪来了，赶紧列队施礼。郭子仪上前拉起药葛罗的手，叙了旧情后晓以大义说："以前回纥曾对唐朝有功，现在却来攻打唐朝，如此岂不前功尽弃？仆固怀恩这种人背君弃母，为天下人所不齿，你们跟着他弃前功而结新怨，多么不值得啊！"

　　药葛罗听了以后，表示自己也不愿与郭老将军作战。郭子仪进一步说吐蕃如何无道：趁唐朝内乱，侵占土地，掠夺财物。并且表示如果回纥愿意助唐军击退吐蕃，唐朝愿意将吐蕃掠去的财物全部送给回纥。于是在唐军与回纥联手追击下，吐蕃溃不成军，迅速逃去。

　　郭子仪单骑赴会，解除了唐朝覆亡的危机，成为代代相传的佳话。

◇孔明点评◇

唐盛世自安史之乱以后大伤元气，若非郭子仪横空出世，担当重任，力挽狂澜，当时唐朝土崩瓦解都有可能。可见乱世得一良将，是何等的幸运！令后人扼腕叹息的是就连郭子仪这样日月可鉴的忠臣良将也不免遭遇奸佞小人的谗言诬陷而被累夺兵权。昏君当道，玩弄权术倒是很有一套，幸而郭子仪是国中大丈夫，只以国家安危为己任，并不计较个人荣辱得失，才一而再、再而三地收拾残局，重整山河，使唐王朝转危为安。还好，还好，郭将军毕竟得以荣身善终，没有给后世留下千古一叹。

宗泽临终三呼"过河"

宗泽是婺州义乌（今属浙江）人，其年轻时就博学广识，文武兼备，富有理想和抱负。做官后，他勤于职守，为官清正，体恤民情，赢得了各地百姓的信赖和爱戴。然而，由于宋王朝政治极端腐败，权奸当道，宗泽长期得不到提拔和重用，直到钦宗靖康元年（1126），他才被调到京城开封，担任台谏一职。那时，宗泽已经六十八岁了。

金兵南侵后，宗泽力主抗击，反对求和。一次，宋钦宗派他去金国议和。宗泽对来给他宣布诏命的人说："我这次出使金国，不打算活着回来。如果金国人答应退兵，那自然好；要不然，我就跟他们争到底。宁肯丢脑袋，也不让国家蒙受耻辱。"此话传到宋钦宗那儿，

宋钦宗一听宗泽口气这么硬，担心他妨碍和谈，于是就收回诏命，改派他人前往。宗泽则被派到磁州去当知府。

靖康元年（1126）十一月，金兵分东西两路南下，再次包围了东京（今河南开封市）。宋钦宗任命康王赵构为兵马大元帅，宗泽、汪伯彦为副元帅，命他们带领河北所有兵马赴京勤王。宗泽率部从大名向开德进发，一路上与金兵连打十三仗，屡战屡胜，形势很好。他写信给康王赵构，要求他召集各路将领，会师东京。但此时赵构却辗转后撤至东平、济州，拥兵观望，不肯配合宗泽作战。宗泽无奈，继续向东京推进，其间虽取得一些胜利，但毕竟兵力有限，难以打破金兵对都城开封的重重包围。不久，开封城被攻破，宋徽宗、宋钦宗被俘。

二帝被俘后，高宗即位。在李纲的推荐下，高宗派宗泽为东京留守兼开封府尹，加职延康殿学士。

这时候，金兵虽然已经撤出开封，但是开封城经过两次大战，城防设施全被毁掉。老百姓和兵士混杂居住；再加上靠近黄河，金兵经常在北岸活动。开封城里人心惶惶，社会秩序很乱。宗泽一上任，立即着手整顿社会秩序，稳定市场物价，疏浚河道，恢复交通。经过努力，在一个多月的时间里，宗泽就把开封这个经过金兵洗劫、残破不堪的城市，整顿成为抗金前线的坚固堡垒。

当时，河北人民忍受不了金兵的烧杀抢掠，纷纷组织义军，打击金军。宗泽在巩固开封防务的同时，积极联络北方抗金义军。河北各地义军听到宗泽的威名，也都自愿接受他的指挥。

当时，河东有个义军首领王善，聚集了七十万人马，想袭击开封。宗泽得知这个消息，单身骑马去见王善。他流着眼泪对王善说："现在正是国家危急的时候，如果有像您这样的几个英雄，同心协力抗战，金人还敢侵犯我们吗？"

王善被他说得感动地留下了眼泪，说："我愿听从您的指挥。"

其他义军像杨进、王再兴、李贵、王大郎，都有很

多人马。宗泽也派人去联络，说服他们团结一致，共同抗金。在宗泽的劝说、感化下，数十万的义军很快云集于开封一带，进一步壮大了抗金力量。

在这些准备工作做好之后，宗泽又着力修建京城防御设施。他在开封周围修筑了二十四座堡垒，沿着黄河设立营寨，互相连接，密集得像鱼鳞一样，叫作"连珠寨"。

高宗建炎元年（1127）冬至二年（1128）春之间，金军多次渡过黄河，骚扰濒河州县。宗泽坐镇开封，从容调兵遣将，多次打退金军的进攻。

没有多久，金兵又分路大举进攻。金太宗派大将金兀术（完颜宗弼）进攻开封，宗泽事先派部将分别驻守洛阳和郑州。金兀术带兵接近开封的时候，宗泽派出几千精兵，绕到敌人后方，截断敌人退路，然后又和伏兵前后夹击，把金兀术打得狼狈逃走。

宗泽抗金意志坚定，号令严明，指挥灵活，再加上多次打败金兵，威名越来越大，就连金军将士对他都既害怕，又钦佩，提到宗泽，都把他称作"宗爷爷"。

此时，宗泽认为依靠河北义军，聚兵积粮，完全有力量收复中原。

但是，就在宗泽节节胜利的时刻，宋高宗和黄潜善、汪伯彦却嫌南京不安全，准备继续南逃。李纲因反对南逃，被宋高宗撤了职。

宗泽十分焦急，从高宗建炎元年（1127）七月至建炎二年（1128）五月，在不到一年的时间里，接连上了二十四封奏疏，要求高宗回到开封，主持抗金，这就是历史上著名的"乞回銮二十四疏"。但是奏疏到了黄潜善等人手里，竟被他们扣了下来。过了不久，宋高宗就从南京逃到扬州去了。

这时候，宗泽已经是快七十岁的老人了，他受不了这个气，背上发毒疮病倒了。部下前去探望他时，宗泽已经病得很重了。他张开眼睛激动地说："我因为国仇不能报，心里忧愤，才得了这个病。只要你们努力杀敌，我就是死了也没有什么遗憾了。"

将领们听了，个个感动得掉下热泪。大伙离开的时候，只听得宗泽念着唐朝诗人杜甫的两句诗："出师未

捷身先死，长使英雄泪满襟！"接着，又用尽力气，呼喊："过河！过河！过河！"才合上眼睛。

◇**孔明点评**◇

宗泽抗金，令多少中国人惭愧？不言而喻的是如果人人都是宗泽，亡国的历史悲剧就不会在中国大地上一幕幕上演。前方将士为国卖命，后方权贵却谋划卖国，这样的卫国战争还怎么打、怎么取胜？面对抗金英雄宗泽，不知道金兵将领作何感想？他们必会为宗泽们的行为露出狰狞的脸，因为他们知道，宗泽们献身的是不可能取得胜利的战争，哪怕这战争多么正义！我每读到宗泽老英雄临终三呼"过河"的故事，便泪流满面。我为英雄一哭，亦为中国一哭。每一个朝代的覆灭，其背后的故事几乎都是雷同的。作为中国人，能不感到脊背透凉、满腔悲哀吗？

梁红玉擂鼓战金山

梁红玉（1102—1135），是中国宋朝抗金女英雄，是抗金名将韩世忠之继室。

宋高宗建炎三年（1129），金人再度南侵，分兵两路，一路由黄州渡江，一路由采石矶渡江。由黄州渡江的直赴江西南昌；由采石矶过来的，下建康而直指南宋都城临安。宋高宗疾走越州，也就是今天的浙江绍兴，接着又听从宰相吕颐浩的计策，乘海船浮海避开金军的锋芒，入驻温州的江心寺，任由金兵大肆抢掠。于是金兵连破江南州郡，如入无人之境。这次率军南侵的金军主帅是金兀术。

此时韩世忠仍留屯秀州，他的部队分别守在江阴以下的长江沿线。建炎四年（1130）春节刚过，探子

报告韩世忠，金军已从杭州饱掠北归。韩世忠听到消息后，仍在秀州张灯结彩，集会宴乐，若无其事。入夜以后，秀州城里灯火通明，而韩世忠的部队已紧急出动，沿运河水陆两岸齐头并进，抢先占领京口一带的金山、焦山，专截金兀术的归路。果然不出所料，金兀术的军队乘勇而来。金兀术见江上布置了战船，战旗飞扬，鼓角齐鸣，军伍严肃，士气勇壮，将帅与别的将帅大不相同，他知道是个劲敌。他遥遥地望见对方坐在船上面，竖着大纛，上面绣着个斗大的"韩"字，不免打个寒噤，对部下说："原来是韩世忠！"当天金兀术就给韩世忠下了战书，约定第二天开战。

　　晚上，韩世忠苦思行兵布阵之法，梁红玉从船后走出来对韩世忠说："军队我少敌多，倘若与他奋力战斗是难以取胜的。明天交战不如把我军分为前后两队，四面截杀敌人。中军由我暂时管领，专事守备，并发号令，倘若金军杀来，只用枪炮矢石射住他，不让他前进。中军无懈可击，金兀术必定带他的部队向左右冲突，准备脱身。这时你就带前后两队军马，只看中军的旗号行事。我坐在船楼上面，击鼓挥旗。我的旗往东，即往东杀去；我的旗往西，即向西杀去。如果能一鼓作气，歼灭金兀术，那就是特大的胜利。"韩世忠连称妙计。第二天早晨，梁红玉早已结束停当，戴着雉尾八宝嵌金珠金凤冠，穿一领锁子黄金甲，围着盘龙白玉带，端坐在中军的楼船上面。一天的战斗，打得金军心胆俱寒，逼着金兀术的军队退到黄天荡内。黄天荡看上去开阔，却是一条死港，进去后却没有出路。金兀术别无办法，出重赏征求出路计划。有贪利的当地人，便指点他挖开日久淤塞、已废弃的老鹳河故道。金兀术指挥军队，一夜开出一条三十多里的水道，接通秦淮河，拟再扑建康。想不到刚出老鹳河，在牛头山遇到岳家军，金兀术又像被赶的鸭子一样退入黄天荡。

谁料到就在金兀术绝望的时候，仍是汉族中的奸细向金兀术献了一计，叫金兀术用土盖住自己的船板，趁无风韩世忠的大海船无法移动的时候，用火箭射韩世忠船上的风篷，引起大火，攻破韩世忠的防御。金兀术果以此计出逃。但韩世忠用梁红玉的计谋，以敌军十分之

一的兵力包围敌军达四十八天之久，也足以名震华夏，名震夷狄。黄天荡一战使金军丧胆，再也不敢随便过长江南侵。后来韩世忠和岳飞、张俊一起三路大军北伐，梁红玉专门训练出一支女兵队伍，屡立奇功。

◇孔明点评◇

梁红玉是古代中国少有的巾帼英雄之一，她之所以脱颖而出，离不开三个条件：一是嫁给了民族英雄韩世忠，真是珠联璧合，而韩世忠见识过人，没有以常人目光小觑自己的夫人；二是抗金机遇，使她得以施展抱负，巾帼英雄有了用武之地；三是她本人有胆有识，怀抱高远，深得其丈夫倚重。中国不缺少奇女子，但缺少培育奇女子的土壤。愿中国多些梁红玉。

岳飞精忠报国

岳母刺字

　　岳飞生于相州汤阴县（今河南省安阳市汤阴县）。岳飞作为中国历史上的一员名将，其精忠报国的精神深受中国各族人民的敬佩。岳飞小时候家里非常穷，母亲用树枝在沙地上教他写字，还鼓励他锻炼身体。岳飞勤奋好学，不但知识渊博，还练就了一身好武艺，成为文武双全的人才。

　　当时，北方的金兵常常攻打中原。母亲鼓励儿子报效国家，并在他背上刺了"精忠报国"四字。孝顺的岳飞不敢忘记母亲的教诲，那四个字成为岳飞终生遵奉的信条。每次作战时，岳飞都会想起"精忠报国"四字。

岳飞勇猛善战，取得了很多战役的胜利，立了不少功劳，名声传遍大江南北。

岳飞还建立起一支纪律严明、作战英勇的抗金军队——"岳家军"。"岳家军"的士兵都严格遵守纪律，宁可自己忍受饥饿，也不敢打扰人民。晚上，如果借住在民家或商店，他们天一亮就起来，为主人打扫卫生，清洗餐具后才离去。"岳家军"让金军闻风丧胆。

三拒诏书

岳飞坚决反对议和，主张抗战到底，置个人荣辱安危于度外。高宗绍兴九年（1139），岳飞在鄂州（今湖北武昌）听说宋金和议将达成，立即上书表示反对，申言"金人不可信，和好不可恃"，并直接抨击了秦桧出谋划策、用心不良的投降活动，使"秦桧衔(忌恨)之"。和议达成后，高宗赵构得意忘形，颁下大赦诏书，对文武大臣大加爵赏。可是，诏书下了三次，岳飞都加以拒绝，不受开府仪同三司（一品官衔）的爵赏和三千五百户食邑的封赐。他在辞谢中，痛切地表示反对议和："今日之事，可危而不可安，可忧而不可贺。"并再次表示收复中原的决心："愿定谋于全胜，期收地于两河。唾手燕云，终欲复仇而报国。"这无异于给宋高宗当头泼了冷水，从而更使高宗、秦桧怀恨在心。

但岳飞不顾个人得失，坚持抗战到底的立场，率领军队，联络北方义军，卓有成效地从事抗金战争，筹划收复中原、统一祖国，成为全国抗金民族战争中的有力支柱。

直捣黄龙

岳家军进入中原后，受到中原人民、忠义民兵的热烈欢迎。

高宗绍兴十年（1140）七月，岳飞亲率一支轻骑驻守河南郾城，和金兀术一万五千精骑发生激战。岳飞亲率将士，向敌阵突击，大破金军"铁浮屠"(侍卫亲兵)和"拐子马"（左右两翼钳攻的骑兵），把金兀术打得大

败。岳飞部将杨再兴单骑闯入敌阵，想活捉金兀术，可惜没有找到，手刃敌人数百，身披几十处创伤，豪勇无比。岳家军将士具有"守死无去"的战斗作风，敌人以排山倒海的大力，也不能把岳家军阵容摇动。

郾城大捷后，岳飞乘胜向朱仙镇（离金军大本营汴京仅四十五里）进军，金兀术率领了十万大军抵挡，又被岳飞打得落花流水。

岳飞这次北伐中原，一口气收复了颍昌、蔡州、陈州、郑州、郾城、朱仙镇，消灭了金军有生力量，金军人心动摇，金兀术连夜准备从开封撤逃。

南宋抗金斗争有了根本的转机，再向前跨出一步，沦陷十多年的中原，就可望收复了。岳飞破掉酒戒庆祝，兴奋地对大将们说："直抵黄龙府，与诸君痛饮尔！"而金军则发出了"撼山易，撼岳家军难"的哀叹。

十二道金牌

外敌难以撼动的岳家军，却遭到了南宋朝廷内部投降派的摧残。就在这抗金战争取得辉煌胜利的时刻，甘心充当儿皇帝的高宗赵构，因担心一旦中原收复，金人放回他的哥哥钦宗，他就保不住皇位，而急切地希望与金人议和。

金人安插在南宋朝廷里、窃取了宰相高位的内奸秦桧，也抓住高宗这个难言的心病大肆活动，破坏岳飞的抗战。他们狼狈为奸，密谋制订了全线撤军、葬送抗金大好形势的罪恶计划。他们首先命令东西两线收兵，造成岳家军孤军突出的不利态势后，即以"孤军不可久留"为名，连下十二道金牌（红漆金字木牌），急令岳飞"措置班师"。

在要么"班师"、要么"丧师"的不利形势下，岳飞明知这是权臣用事的乱命，但为了保存抗金实力，不得不忍痛班师。岳飞愤慨地说："十年之功，废于一旦！所得诸郡，一朝全休！社稷江山，难以中兴！乾坤世界，无由再复！"岳飞的抗金英勇斗争，至此被迫中断。

岳家军班师时，久久渴望王师北定中原的父老兄弟，拦道恸哭。岳飞为了保护老百姓的生命财产，故意

扬言明日渡河，吓得金兀术连夜弃城北窜，准备北渡黄河，因此岳飞得以从容地组织河南大批人民群众南迁到襄汉一带，之后才撤离中原。

莫须有

岳飞一回到临安，立即陷入秦桧、张俊等人布置的罗网。

绍兴十一年（1141），岳飞遭诬告"谋反"，被关进了临安大理寺（原址在今杭州小车桥附近）。监察御史亲自对岳飞刑审、拷打、逼供。与此同时，宋金政府之间，正加紧策划第二次和议，双方都视抗战派为眼中钉。金兀术甚至凶相毕露地写信给秦桧："必杀岳飞而后可和。"

虽然从岳飞身上，秦桧一伙找不到任何"反叛朝廷"的证据，但岳飞还是于绍兴十一年（1141）农历除夕夜，被赵构"特赐死"，杀害于临安大理寺内。岳飞部将张宪、儿子岳云亦被腰斩于市门。

岳飞父子及张宪死于奸臣昏君之手，激起了抗金军队和老百姓的强烈愤怒。韩世忠当面质问秦桧，秦桧支吾其词："其事体莫须有（也许有）。"韩世忠当场驳斥："'莫须有'三字，何以服天下？"

就这样，一代英雄岳飞离开了人世，但他永远为后世敬仰，其"精忠报国"的精神，已成为中华民族爱国主义的一面旗帜。岳飞的《满江红》："怒发冲冠，凭栏处、潇潇雨歇。抬望眼、仰天长啸，壮怀激烈。三十功名尘与土，八千里路云和月。莫等闲、白了少年头，空悲切。　　靖康耻，犹未雪；臣子恨，何时灭？驾长车、踏破贺兰山缺。壮志饥餐胡虏肉，笑谈渴饮匈奴血。待从头、收拾旧山河，朝天阙。"抒发了爱国英雄的豪情壮志，是中国历史上最著名的英雄词作，千百年来，一直是中华儿女吟诵不绝的爱国主义主题曲。

◇**孔明点评**◇

岳飞无疑是民族英雄，更无疑是一位蒙冤的悲剧人物。在民族存亡面前，他恪守母亲在他脊背上刺下的"精忠报国"四字叮嘱，其报国之赤胆忠心日月可鉴，

其抗金之英雄气概彪炳史册。他是有幸生于乱世而报国有时，又不幸生于昏君当道而报国无门。一代忠良眼睁睁被以"莫须有"的罪名杀害，不禁使人脊椎骨发凉。爱国有罪，这是千古奇冤，更是千古笑柄！岳飞之死告诉后人：善待爱国良将，国家民族才有希望。英雄不怕流血牺牲，却怕流泪伤心。

辛弃疾的英雄泪

　　辛弃疾（1140—1207），字幼安，号稼轩，南宋山东济南府历城县（今山东济南市历城区）人，曾任江西安抚使、福建安抚使等职。追赠少师，谥号忠敏。

　　南宋高宗绍兴三十一年（1161），金主完颜亮大举南侵，在其后方的汉族人民由于不堪金人严苛的压榨，奋起反抗。二十一岁的辛弃疾也聚集了两千人，参加由耿京领导的一支声势浩大的起义军，并担任掌书记。当金人内部矛盾爆发，完颜亮在前线被部下所杀，金军向北撤退时，辛弃疾于绍兴三十二年（1162）奉命南下与南宋朝廷联络。在他完成使命归来的途中，听到耿京被叛徒张安国所杀、义军溃散的消息，便率领五十多人袭击几万人的敌营，把叛徒擒拿带回建康，交给南宋朝廷

处决。辛弃疾惊人的勇敢和果断，使他名重一时，"壮声英概，懦士为之兴起！圣天子一见三叹息"（南宋洪迈《稼轩记》）。高宗便任命他为江阴签判，从此开始了他在南宋的仕宦生涯，这时他才二十三岁。

辛弃疾初来南方，对朝廷的怯懦和畏缩并不了解，加上宋高宗赵构曾赞许过他的英勇行为，不久后即位的宋孝宗也一度表现出想要恢复失地、报仇雪耻的锐气，所以在辛弃疾南宋任职的前一时期中，曾热情洋溢地写了不少有关抗金北伐的建议，著名的《美芹十论》《九议》等都是此时所作。尽管这些建议书在当时深受人们称赞，广为传诵，但不愿意再打仗的南宋朝廷却反应冷淡，只是对辛弃疾在建议书中所表现出的实际才干很感兴趣，于是先后把他派到江西、湖北、湖南等地担任转运使、安抚使一类的地方官职，治理荒政，整顿治安，这显然与辛弃疾的理想大相径庭。他虽有出色的才干，但他豪迈倔强的性格和执着北伐的热情，使他难以在畏缩而又圆滑、嫉贤妒能的官场上立足。淳熙八年（1181）冬，辛弃疾四十二岁时，因受到弹劾而被免职，此后二十年间，大部分时间都在乡闲居。他时而为一生的理想所激动，时而因现实的无情而愤怒和灰心。

嘉泰三年（1203），辛弃疾先后被起用为绍兴知府、镇江知府等职。开禧元年（1205）秋，他又被罢官。开禧三年（1207）秋，六十八岁的辛弃疾，身染重病，朝廷再次起用他，任他为枢密都承旨，令他速到临安（今杭州）赴任。诏令到铅山，辛弃疾已病重卧床不起，只得上奏请辞。这年农历九月初十，民族英雄、爱国词人辛弃疾带着忧愤的心情和爱国之心离开人世。

辛弃疾的词特别有名，向来被人称为"英雄之词"，主要表现了词人以英雄自许，以恢复中原为己任的壮志豪情。其代表作《永遇乐·京口北固亭怀古》："千古江山，英雄无觅孙仲谋处。舞榭歌台，风流总被雨打风吹去。斜阳草树，寻常巷陌，人道寄奴曾住。想当年，金戈铁马，气吞万里如虎。 元嘉草草，封狼居胥，赢得仓皇北顾。四十三年，望中犹记，烽火扬州路。可堪回首，佛（bì）狸祠下，一片神鸦社鼓。凭谁问：廉颇老矣，尚能饭否？"《水龙吟·登建康赏心

亭》："楚天千里清秋，水随天去秋无际。遥岑远目，献愁供恨，玉簪螺髻。落日楼头，断鸿声里，江南游子。把吴钩看了，栏干拍遍，无人会，登临意。　休说鲈鱼堪脍，尽西风，季鹰归未？求田问舍，怕应羞见，刘郎才气。可惜流年，忧愁风雨，树犹如此！倩何人唤取，红巾翠袖，揾英雄泪！"　境界阔大，感情豪爽，彰显了恢复故国的英雄气概，充满了报国无门的无奈和愤懑情怀。

◇孔明点评◇

辛弃疾以爱国与词雄成名当世，称名后世。他的爱国不是喊喊口号，而是自觉、自愿地投身抗金救国的洪流之中；当他英雄无用武之地之后，满腔爱国热忱赋予诗词，至今感人肺腑。读辛弃疾词，不了解其抗金经历，难以理解他字里行间何以既豪情满怀，又郁郁寡欢；不读辛弃疾词，更难以理解他的爱国心、英雄泪从何而来。哀莫大于心死，辛弃疾至死都念念不忘重返抗金战场，收拾山河。壮哉，辛弃疾！壮哉，辛弃疾词！

人生自古谁无死

文天祥（1236—1283），初名云孙，字天祥，后换以天祥为名，改字履善，南宋末期吉州庐陵（今江西吉安县）人。南宋理宗宝祐四年（1256）状元及第，官至右丞相兼枢密使。

临危受命，兵败被俘

南宋恭帝德祐元年（1275）正月，因元军大举进攻，宋军的长江防线全线崩溃，朝廷下诏让各地组织兵马勤王。文天祥立即捐献家资充当军费，招募当地豪杰，组建了一支万余人的义军，开赴临安。德祐二年（1276）正月，元军兵临临安，文武官员都纷纷出逃。

谢太后任命文天祥为右丞相兼枢密使，派他出城与伯颜谈判。文天祥到了元军大营，却被伯颜扣留。伯颜企图诱降文天祥，利用他的声望来尽快收拾残局。文天祥宁死不屈，伯颜只好将他押解北方。行至镇江，文天祥冒险出逃，经过许多艰难险阻，于端宗景炎元年（1276）五月二十六日辗转到达福州，被端宗任命为右丞相，以同都督的身份在南剑州（今福建南平）开府，联络各地的抗元义军，坚持斗争。景炎二年（1277）夏，文天祥率军由梅州出兵，进攻江西，在雩都（今江西于都）获得大捷后，又以重兵进攻赣州，以偏师进攻吉州（今江西吉安），陆续收复了许多州县。祥兴元年（1278）冬，元军大举来攻，文天祥在率部向海丰撤退的途中遭到元将张弘范的攻击，兵败被俘，服毒自杀未遂。

受尽逼迫，决不投降

张弘范让他写信招降张世杰。文天祥说："我不能保护父母，难道还能教别人背叛父母吗？"张弘范不听，一再强迫文天祥写信。文天祥于是将自己前些日子所写的《过零丁洋》一诗抄录给张弘范。张弘范读到"人生自古谁无死，留取丹心照汗青"两句时，不禁也受到感动。南宋灭亡后，张弘范向元世祖请示如何处理文天祥，元世祖说："谁家无忠臣？"元世祖先后派降元的原南宋左丞相留梦炎、降元的宋恭帝赵㬎来劝降，文天祥均不为所动。

元世祖至元十九年（1282）三月，元世祖任命和礼霍孙为右丞相。和礼霍孙提出以儒家思想治国，颇得元世祖赞同。八月，元世祖问议事大臣："南方、北方宰相，谁是贤能？"群臣回答："北人无如耶律楚材，南人无如文天祥。"十二月初八，元世祖召见文天祥，亲自劝降。文天祥回答："但愿一死足矣！"元世祖十分气恼，于是下令立即处死文天祥。文天祥从容就义。死后在他的衣带中发现一首诗："孔曰成仁，孟曰取义，唯其义尽，所以仁至。读圣贤书，所学何事？而今而后，庶几无愧。"文天祥死时年仅四十七岁。

被俘期间，元朝威逼利诱，极力劝降，文天祥受尽

折磨，决不投降。他在《扬子江》诗中写道："臣心一片磁针石，不指南方不肯休。"表明了自己的志向，赢得了世人的敬重。

◇孔明点评◇

文天祥事迹让人唏嘘不已！惋惜不已！敬佩不已！生于南宋末世，真是人杰不幸！英雄不幸！忠臣不幸！皮之不存，毛将焉附？文天祥纵然文韬武略盖于当世，却身单影只，残局难支，无力回天。显而易见，若是国家强大，英雄如何能沦落末路，身陷异族牢狱？当然，若非生于"国破家何在"的乱世，文天祥或许大隐民间而默默无闻，更谈不上留名青史。文天祥的意义在于忠于国家，忠于信仰，忠于承诺。他既已以身许于宋王朝，便宁愿身死，也不肯屈膝投降，即使宋王朝的末世之君已经被俘而苟且偷生，他仍然不改初衷。所谓英雄本色，无外乎如此。他说得好："人生自古谁无死，留取丹心照汗青。"人生在世，总要留个清白，才不枉了一世英名。

七下西洋，宣示国威

　　明成祖时，为了加强国际交往，决定派大型船队出使西洋各国，即现在的东南亚和印度洋一带。这支船队的正使，便是人称三保太监的郑和。

　　永乐三年（1405），郑和经过充分准备，率领由水手、官兵、医生、工匠等两万余人组成的船队，带着中国出产的丝绸、瓷器等特产，开始了举世闻名的下西洋之旅。船队中最大的海船，长四十四丈、宽十八丈，造船技术十分高超，还用指南针定向，可以乘坐一千人。这在当时的世界上是独一无二的创举。沿岸各国见了这样大的船队，都佩服中国人的智慧和才能。

　　郑和先后七次下西洋，到达了现在的东南亚诸国、阿拉伯半岛，最远到了非洲东海岸一带。他每到一地，

都会拜会当地的国王、部族首领，赠送礼品，表示友好，并邀请他们访问中国。船队也和当地人民进行货物贸易，互通有无，所以人们都把中国的海船称作"宝船"。

和西方有些探险家探寻新大陆时掠夺财物、抢夺奴隶的目的不同，郑和下西洋远航，为的是友好交往，以物易物，互通有无。他和各国人员交往时，总是彬彬有礼，以诚相待，给当地人民留下了美好的印象。现在的东南亚各国，还有以"三宝"命名的城市、港口等。郑和下西洋在世界航海史上是最早的壮举，为祖国赢得了崇高的友谊和荣誉。

◇孔明点评◇

对中国人来说，一些人的名字真不应该忘记，譬如明代的航海家郑和。郑和七次下西洋，意义重大，影响深远。其一，至少证明中国自古以来并非闭关锁国，中国是以开放的姿态面向世界的；其二，充分显示中国有大国胸怀，出海只为互通有无，互利互惠，兼扬我中华之声威，却无侵略他国之虎狼野心；其三，也是更重要的一点是用此一举世公认的壮举，昭示了一个不容争辩的历史事实，那就是中国对南海主权的拥有并非无中生有，而是历史生成，不容置疑。当明朝中国的船只在南海航行无阻的时候，周边的国家在哪里？如今，南海声索，岂能罔顾历史无视事实？怀念郑和，就必须捍卫南海主权，这是历史赋予每一位中华儿女的责任和使命，义不容辞。

戚家军东南抗倭

自元末至明万历年间，一部分日本武人、浪人（流亡海上的败将残兵）、海盗商人和破产农民，不断侵扰中国沿海地区，闹得沿海不得安宁。历史上把他们叫作"倭寇"。

明嘉靖三十二年（1553），倭寇集结了几百艘海船，在我国浙江、江苏沿海登陆，分成许多小股，在当地奸民带领下，用海螺号互相联络，抢掠了几十个城市。当时明朝军队十分腐败，将无战心，兵无斗志，加之倭寇大多使用武士刀，擅长近身格斗，杀伤力极强。因此明军常吃败仗，有时倭寇来了竟吓得不敢出战。

倭寇的骚扰越来越严重，沿海人民深受其害，得不到片刻安宁。此时嘉靖皇帝也坐不住了，要内阁首辅严嵩想办法应对。严嵩的同党赵文华想出一个主意，说要解决倭寇问题，只有向东海祷告，求海神爷保佑。于是嘉靖皇帝派赵文华到浙江祭祀海神，并巡视浙江抗倭战事。赵文华到浙江后，极力排斥不依附自己的大臣、名将，在没有做好准备的情况下，多次催促浙江总督张经出兵。张经以援兵还没有到达为理由，拒不听从赵文华的命令。于是赵文华就上书嘉靖皇帝，诬告张经。嘉靖皇帝大怒，下令将张经逮捕下狱，就连张经的部将俞大猷也被牵连坐了牢。沿海的防务没人指挥，倭寇更加肆无忌惮，四处烧杀掳掠。在这种情况下，嘉靖皇帝接受大臣建议，急调时任山东登州卫都指挥佥事的戚继光到浙江，这才扭转了局面。

戚继光是名将戚景通的儿子，从小就受到良好教育。父亲对他期望很高，亲自教他读书写字，练习武艺，经常给他讲一些为人处世的道理。戚继光不仅获得行军打仗的真实学问，还养成了良好的品质，树立了高远的志向，为以后建功立业打下了基础。

戚继光到浙江后，发现那里的军队军纪涣散，训练

很差，根本就打不了仗，于是决定另外组织一支军队。下定决心后，他立即发出招兵告示，很快有一批渔民、矿工自愿参军，还有一些地主武装也参加了进来。过了不长时间，戚继光组织的新军就发展到近五千人。

戚继光自幼学习兵法，深知士兵不经过严格训练是不能上阵的。他针对沿海地形多沼泽、倭寇小股分散的特点，创立了攻防兼宜的"鸳鸯阵"。经过他的严格训练，这支新军的战斗力特别强。"戚家军"的名气就在远近传开了。

过了几年，倭寇袭击台州一带，戚继光率领新军赶到台州。那些乱七八糟的海盗队伍，哪儿是戚家军的对手，交锋了九次，戚家军每次都取得胜利。最后，倭寇在陆地上待不住，被迫逃到海船上，戚继光又用大炮轰击。大批倭兵被烧死或掉到海里淹死，留在岸上的也只得乖乖投降。

倭寇见到浙江防守严密，不敢再侵犯。第二年，他们兵分两路又到福建沿海骚扰，一支驻扎在宁德城外海中的横屿（时人称夺命岛），另一支驻扎在福清的牛田，两路敌人互相声援，声势很大，形势非常危急。福州的守将抵挡不了，向朝廷告急。朝廷又派戚继光援救。戚继光带了戚家军赶到宁德，打听到敌人所占据的横屿四面环海，地形险要。倭寇在那儿扎了大营盘踞，当地驻军不敢去攻打他们。

当天晚上潮落的时候，戚继光命令士兵每人随身带一捆干草，到了横屿对岸，把干草扔在水里。几千捆干草扔在一起，铺出了一条路来。戚家军踏着干草铺成的路，插进倭寇大营。经过一场激烈战斗，盘踞在岛上的两千多个倭寇全部被歼灭。

接着，戚继光马不停蹄，向牛田进兵。到了牛田附近，他假意传出命令，说："我们大老远赶来，人困马乏，先就地休整一下再说。"这些话很快传到敌人那里。牛田的倭寇防备也就松懈下来。就在当天晚上，戚继光下令向牛田发起总攻击。倭寇毫无准备，纷纷败退。其头目率领残兵逃到兴化，戚家军又连夜跟踪追击，消灭了溃逃的敌人。到天色发白的时候，戚家军开进兴化城。城里的百姓这才知道附近的倭寇已被戚家军

消灭。大家兴高采烈，纷纷到军营来慰劳。

铲平福建倭寇后，戚继光率部回浙江补充兵员，福建的倭寇又猖獗起来。这时候，俞大猷已经复职。朝廷派俞大猷为福建总兵，戚继光为副总兵。两个抗倭名将一起，在平海卫等地大败倭寇。随后，戚继光与俞大猷合力进讨勾结倭寇盘踞南澳岛的吴平，吴平惨遭失败，仅率八百余人乘船逃脱。嘉靖四十五年（1566），戚继光和俞大猷进剿吴平残部，吴平投海自杀。到这时候，横行东南沿海几十年的倭寇被基本肃清了。

◇**孔明点评**◇

戚继光抗倭，是中国历史上御侮为国比较成功的范例，他也因此载入中国爱国史册。戚继光的成功依赖的是戚家军，而成功之道在于治军。戚继光明白，军队的战斗力，取决于严明的军纪、严格的训练、旺盛的士气。他统领的戚家军训练有素，调度有序，御敌有方，所以无往而不胜，给侵犯我沿海的倭寇以沉重、致命的打击，至少使东南沿海保持了三百多年太平。戚继光以铁的事实证明：世界上没有不可战胜的来犯之敌，关键是要有备无患，只有保持实力、威慑力，才能保证国家长治久安。

秦良玉南征北战

秦良玉（1574—1648），字贞素，四川忠州（今重庆忠县）人，石砫（今重庆石柱）宣慰使马千乘之妻，明朝末期战功卓著的女将军，二十四史中唯一单独作传的女子。秦良玉一生戎马四十余年，足迹遍及长城内外、云贵高原、四川盆地，为国出生入死。胡适曾说："中国历史有个定鼎开基的黄帝，有个驱除胡虏的明太祖，有个孔子，有个岳飞，有个班超，有个玄奘，文学有李白、杜甫，女界有秦良玉、木兰，这都是我们国民天天所应该纪念着的。"

女中丈夫

作为地方土司，马千乘以三千石砫兵从征，跟随明朝四川总督李化龙讨伐叛军。秦良玉为解国难，又统精卒五百人，自备军粮马匹，与副将周国柱一起在邓坎（今贵州凤冈）扼守险地，英勇杀敌。为此，明朝总督李化龙大为叹异，命人打造一面银牌赠与时年二十六岁的秦良玉，上镌"女中丈夫"四个大字，以示表彰。

万历四十一年（1613），马千乘死于狱中，秦良玉含泪忍痛，以大义为重，忠于职守。而这时马家的继承人马祥麟年龄尚幼，朝廷鉴于秦良玉作战有功，文武兼长，所以授命她继任了丈夫的官职。秦良玉毅然接过丈夫遗留下来的千斤重担，来完成丈夫未竟的事业，继续训练"白杆兵"（手持白杆长枪的特种部队），管理石砫民众，尽心尽力，尽职尽责。《明史》中这样赞许秦良玉："（其）为人饶胆智，善骑射，兼通词翰，仪度娴雅。而驭下严峻，每行军发令，戎伍肃然。"

抗击后金

　　万历四十四年（1616），后金政权开始发动对明朝的进攻。两年后，萨尔浒一役（战场在今辽宁抚顺以东），明军惨败，之后驻辽明军几乎是闻警即逃，东北告急。明廷在全国范围内征精兵援辽，秦良玉闻调，立派其兄秦邦屏与其弟秦民屏率数千精兵先行，她自己筹马集粮，保障后勤供应。沈阳之战中，秦氏兄弟率"白杆兵"率先渡过浑河，血战清兵，终于让一直战无不胜的八旗军知晓明军中还有这样勇悍的士兵，并长久为之胆寒。由于众寡悬殊，秦邦屏力战死于阵中，秦民屏浴血突围而出，两千多白杆兵战死。但也正是由此开始，秦良玉手下的石砫"白杆兵"名闻天下。得知兄长牺牲的消息后，秦良玉自统三千精兵，直抵榆关（今山海关）布防，控扼后金入关咽喉。

京都解围

　　崇祯三年（1630），皇太极攻榆关不入，便率十万精兵绕道长城喜峰口入侵，攻陷遵化后，进抵北京城外，连克永平四城，明廷大震。秦良玉得到十万火急的勤王诏书之后，即刻提兵赴难，星夜兼程，直抵宣武门外屯兵。当时，闻诏而至的各路勤王官军共二十万有余，但都畏惧清兵的狠武，无人带头出战。秦良玉的"白杆兵"虽然仅有数千人，但一直为清兵所忌惮。昔日浑河血战，让清兵再也忘不了这些身体矮小，手持超长锐矛的士兵。因此，"白杆兵"呐喊冲杀之际，清兵心自发怯，加上明军中又有孙承宗这样的老将配合，最终迫使皇太极连弃滦州、永平、迁安、遵化四城，撤围而去。北京围解之后，崇祯帝大加感慨，特意在北京平台召见秦良玉，优诏褒美，赏赐彩币羊酒，并赋诗四首以彰其功，其中有"试看他年麟阁上，丹青先画美人图"之句。

◇孔明点评◇

　　秦良玉，真奇女子哉！虽为女儿身，却文韬武略均在男儿之上，她能继任丈夫之职后统帅"白杆兵"而南征北战，累立战功，使后金兵闻名生畏，真不简单。明朝末年，倘多些秦良玉这样胆识过人的忠心将才，大厦何以能倾覆于内乱？国无良才，民不幸也；国有良才如秦良玉，却孤掌难鸣，怪谁？噫，前事不忘，后事之师！史为鉴，不正视而何为？

郑成功收复台湾

郑成功（1624—1662），福建南安人，本名郑森，字大木，自幼善于思考，英勇有为。父亲郑芝龙是明末福建总兵。南明唐王隆武帝赐国姓朱，更名成功，故又称郑国姓、国姓爷。南明桂王永历帝封他为延平郡王，故又称郑延平。

1646年，清军渡过了钱塘江，占领浙江。掌握隆武朝政大权的郑芝龙降清。郑成功痛心于国破家亡和人民苦难，拒父劝降，焚衣招贤，募兵抗清。他经过浴血奋战，取得了厦门作为抗清根据地。郑成功第三次北伐失败后，兵力大伤。他考虑了全局形势，感到只靠厦门和金门作为根据地，势单力孤，不可能实现恢复中原的大业。如果赶走荷兰侵略者，收复国土台湾，扩大抗清根

133

据地，壮大自己的力量，形势就会好得多。而且台湾人民不堪忍受荷兰侵略者的暴行，切盼解放。于是郑成功决定挥戈东征，收复台湾。

　　1661年4月21日，郑成功率领大军浩浩荡荡从金门料罗湾扬帆出发，凌波越海去收复台湾。全军将士齐心协力，顶逆风，冒急雨，排巨浪，直抵台湾海岸线外。船队避开了赤嵌城海岸，绕道从鹿耳门登陆。郑成功之所以选择在鹿耳门港突入，一是掌握了该地的潮汛规律，即农历每月初一、十六两日大潮时，水位要比平时高五六尺，大小船只均可驶入。郑成功从澎湖冒风浪而进，正是为了在初一大潮时渡鹿耳门。二是郑成功早已探到了从鹿耳门到赤嵌城的港路。

　　4月29日（农历四月初一）中午，鹿耳门海潮果然大涨，郑成功命令众将士按图迂回而进。台湾城上的荷军原以为中国船队必从南航道驶入，企图以逸待劳，事先备好大炮拦截，未料到郑成功却躲开了火力，船队从鹿耳门驶入台江，在大炮射程之外。荷兰侵略者面对浩浩荡荡的郑军船队，"骇为兵自天降"，顿时束手无策。

郑军登陆后，立即包围了军事据点赤嵌城（今台南），与荷兰殖民军展开了激战，打得侵略军溃不成军，郑军收复了赤嵌城，包围了荷军盘踞的台湾城（今安平）。荷兰总督揆一见势不妙，便玩弄缓兵之计，表示愿意年年纳贡。郑成功斩钉截铁地对来使说，除非你们投降，把台湾交还中国，没有第二条路好走。经过九个月的围攻，荷兰人弹尽粮绝，最后不得不挂白旗投降，派人送出了投降书。1662年2月1日，郑成功收复台湾，举行了受降仪式。这一天，荷兰侵略者在中国人民面前低下了头。

郑成功收复台湾是中国历史上大规模渡海登陆作战的成功范例，在中华民族反抗外来侵略史上写下了光辉的一页。而郑成功收复台湾五个月后，因戎马倥偬，操劳成疾，不幸逝世，年仅三十八岁。

◇**孔明点评**◇

台湾自古以来就是中国领土，但自古以来也多灾多难，数次落入异族之手终于失而复得，郑成功之收复台湾，在中国历史上书写了光辉的一页。郑成功的可贵之处在于身处明末外忧内患、国将不国之多事之秋,他深明大义,敢于承担,毅然组织水军渡海作战,运筹帷幄而双管齐下,武力与政治并举,使荷兰侵略者不得不在投降书上签字。天下兴亡,匹夫有责。其实国土沦丧,每个中华儿女都有责任、义务投身救亡、救国的民族伟业之中。民族的希望系于兹,国家的统一更系于兹!所谓铁肩担道义,每个中华儿女都义不容辞!

天下兴亡，匹夫有责

顾炎武（1613—1682），原名绛，字宁人，昆山（今江苏省昆山市）人，明朝秀才。清兵入关后，顾炎武投入南明朝廷，任兵部司务，把复国的希望寄托在弘光小朝廷之上。他满腔热忱，为行朝出谋划策，针对南京政权军政废弛及明末种种弊端，从军事战略、兵力来源和财政整顿等方面提出一系列建议。南京陷落后，昆山失守，顾炎武生母何氏右臂被清兵砍断，两个弟弟被杀，顾炎武本人则因城破之前在外地而侥幸得免。九天后，常熟陷落，炎武嗣母王氏闻变，绝食殉国，临终嘱咐顾炎武不得事清。

顺治十四年（1657）元旦，炎武晋谒明孝陵。七年之间，炎武共六谒孝陵，以寄故国之思。顺治十六年

（1659），至山海关，凭吊古战场，此后二十多年间，炎武孑然一身，游踪不定，足迹遍及山东、河北、山西、河南，往来曲折二三万里，所览书又得万余卷，结识了许多志同道合的朋友。晚年，始定居陕西华阴。康熙十年（1671），游京师，住在外甥徐乾学家中，熊赐履设宴款待炎武，邀修《明史》。顾炎武拒绝说："果有此举，不为介之推逃，则为屈原之死矣！"之后，屡次拒绝清朝征引，终不仕清。

顾炎武一生辗转，行万里路，读万卷书，开创一种新的治学门径，成为清初继往开来的一代思想家。著作有《日知录》《肇域志》《音学五书》《亭林诗文集》等。顾炎武还提倡"利国富民"，并认为"善为国者，藏之于民"。他大胆怀疑君权，并提出了具有早期民主启蒙思想色彩的"众治"的主张。他所提出的"天下兴亡，匹夫有责"这一口号，影响深远，成为激励中华民族奋进的精神力量。

◇孔明点评◇

壮志未酬，亡国之士难当。顾炎武一生，可歌可泣。他之不事清而念念不忘复明，其思想渊源于乃嗣母王氏教诲，终其一生，不改其志。顾炎武之志，不能简单理解，亦不能庸俗理解，他的"天降大任"之心并非局限于改朝换代，而是怀抱天下而以使命自许，宁愿颠沛流离而不愿苟且偷生。所谓"识时务者为俊杰"，固然情有可原，但能如顾炎武既立天下之志又坚守信仰有始有终者，更值得后人顶礼膜拜。人，总要有个信仰，总要为自己的信仰有所付出，付出之后总要释放出正能量，如此才能积聚民族力量；如此国家才可望崛起，民族才可望复兴！

土尔扈特人万里归国

　　土尔扈特是蒙古族的一个部落，最初居住在大漠以西地区，后来受别的部族排挤，为求生存，就离开家乡，向西迁徙，流落于伏尔加河流域一带，以放牧为生。之后，俄国控制了伏尔加地区，就把土尔扈特人看作臣民，向他们征税，还要求他们改信俄国宗教，甚至命令土尔扈特人到前线为俄国打仗。土尔扈特人不甘奴役，不断反抗，同时也更加怀念故乡。清朝建立后，当他们听说国内安定昌盛，清政府又对蒙古族采取优待政策时，十分高兴，就派人回国，向康熙皇帝进贡问好，表示土尔扈特人仍是中国的臣民。

　　清朝乾隆皇帝时，土尔扈特人再也无法忍受俄国皇帝的压迫，在首领渥巴锡的率领下，决定重返祖国。

1771年1月，渥巴锡率领十多万土尔扈特人，义无反顾地向东方进发，踏上了返回祖国的征途。俄国女皇派军队追赶阻截，土尔扈特人不畏艰险，一边作战一边赶路，尽管战死、饿死、病死了许多人，可他们没有屈服，回归之心更加坚定。第二年，只剩几万人的土尔扈特人历尽艰难险阻，终于进入新疆，回到了魂牵梦绕的祖国。这一感天地、泣鬼神的爱国壮举，使乾隆皇帝十分感动，他特下令嘉奖了渥巴锡和他的部下，并将回归的土尔扈特人妥善安置。

◇孔明点评◇

读这一段历史，让人禁不住热泪盈眶。既已认定了自己的祖国，即使漂泊得再遥远，也不忘初心，万里来归，此举即使游子一人也足令人感佩，何况是十万之众的土尔扈特人呢？所谓爱国心凝聚的是初心、忠心、民心与归心，众志成城，纵然千难万险，纵然围追堵截，也奈何不了万里来归的决心！土尔扈特人的回归壮举，彰显的是中华民族的优良基因。托赖此心，中华民族才能不断壮大。此一段历史启示并警示每一位中国人：只有凝聚民族的意志，中国梦的实现才会指日可待！

林则徐虎门销烟

林则徐（1785—1850），福建侯官（今福州市）人。嘉庆十六年（1811）进士，鸦片战争时期任湖广总督，主张严禁鸦片，抵抗侵略。林则徐是伟大的爱国主义者，是中国近代"睁眼看世界的第一人"。林则徐因为虎门销烟的壮举而在中国妇孺皆知，成为民族英雄。

吸食鸦片，弱国弱民

"闭关锁国"后的清王朝逐步落后于世界列强，但是在外贸中，中国一直处于贸易顺差地位。为了扭转对华贸易逆差，英国开始向中国走私鸦片，来获取暴利。英国从鸦片的主要种植地，也是其殖民地印度装运鸦片

来华。由于吸食鸦片会上瘾，中国亦开始严格控制其入口，但清廷官吏也从鸦片贸易中获利甚巨，故默许在广州附近的伶仃洋利用中国舢板进行鸦片走私，使禁令如同虚设。鸦片贸易相关环节关系人利润甚丰，因此鸦片走私规模日益扩大，由道光元年（1821）的四千余箱，到道光十八年（1838）已猛增到四万零二百箱，令英国对华贸易顺差。鸦烟流毒，为中国三千年未有之祸。鸦片大量输入，使中国每年白银外流达六百万两，令中国国内发生严重银荒，造成银贵钱贱，出现通货膨胀，令清廷财政枯竭，国库空虚。鸦片流毒甚广，从王公大臣到平民百姓，吸毒者日众，危害中国国人身心健康。军人也吸食鸦片，身体变得虚弱，失去作战能力。

上任伊始，问卷调查

道光十八年（1838），鸿胪寺卿黄爵滋上书主张以死罪严惩吸食鸦片者，道光帝令各地督抚各抒己见。林则徐坚决支持黄爵滋的禁烟主张，提出六条具体禁烟方案，并率先在湖广实施，成绩卓著。八月，他上奏指出，历年禁烟失败在于不能严禁。并警告称："若犹泄泄视之，是使数十年后，中原几无可以御敌之兵，且无可以充饷之银。"九月应召进京，在连续八次召见中，林则徐力陈禁烟的重要性和禁烟方略。十一月林则徐受命为钦差大臣，前往广东禁烟，并节制广东水师。

道光十九年（1839）正月二十五日，林则徐抵达广州。随后会同两广总督邓廷桢、广东水师提督关天培在广州筹划禁烟。林则徐不假差役胥吏之手，与知识界的士人同一阵线，召粤秀书院、越华书院、羊城书院三大书院六百四十五名学子入贡院"考试"。这次名为考试，实为问卷调查。试题四道：1.鸦片集散地及经营者姓名；2.零售商；3.过去禁烟弊端；4.禁绝之法。由此林则徐掌握了所有烟商及贪官污吏的名单。

惩治烟贩，虎门销烟

经过周密准备，道光十九年二月初四（1939年3月18日），林则徐发布《收呈示稿》和《关防示稿》，二月初五下令禁止外国人离开广州。二月初七下令包围商馆。二月初八下令查拿英国鸦片贩子颠地。之后下令将停泊在黄浦江上的一切外国船只封舱，封锁商馆，并且撤走一切差役和中国雇员。但是英国驻华商务监督义律面对林则徐的命令，出尔反尔，采取无赖、讹诈、欺骗的卑鄙手法，企图抗法。但林则徐义正词严，绝不妥协。义律不得已，于二月十四向林则徐呈送了《义律遵谕呈单缴烟二万零二百八十三箱禀》。

到四月初六，烟贩缴烟完毕，共收缴烟土一万九千一百八十七箱又二千一百一十九袋，总重量一百一十八万八千一百二十七公斤。林则徐一刻不怠，日夜操劳，一丝不苟。缴烟获得了完全的胜利，但如此巨量的鸦片如何处置？外国人推测中国可能对鸦片实行专卖，从而使鸦片买卖合法化，但他们想错了。林则徐报告道光皇帝，要求验明实物数量，然后焚毁。道光对林则徐表示了很大的信任，他让林则徐和邓廷桢、怡良等人将收缴的鸦片就地销毁。虎门销烟，从道光十九年四月二十二（1839年6月3日）开始至五月十五（6月25日）结束，历时二十三天，在林则徐的指挥下，向全世界宣告了中华民族决不屈服于侵略的决心。

林则徐有一句名言："苟利国家生死以，岂因祸福避趋之。"（出自《赴戍登程口占示家人二首》其一）已成为百余年来广为传诵的名句，表现了林则徐刚正不阿的高尚品德和忠诚无私的爱国情操，引起了千千万万个中华有志儿女的共鸣。

◇孔明点评◇

虎门销烟无疑是中国近代史上的壮举，林则徐则因此成为中华民族英雄。背靠软弱的晚清王朝，林则徐胆敢在虎门将收缴来的英国入侵者的鸦片烟付之一炬，其胆识、胆量、胆略，都令中外识者耳目一新，不能不对其刮目相看。林则徐之举等于告诉时人，中国不缺乏独当一面、敢作敢为的爱国之士。虎门销烟，使中国人扬

眉吐气，却令英国侵略者气急败坏。饶是如此，如果林则徐不被清王朝掣肘而被迫离职，中国近代史或将改写。历史虽然不能假设，但为林则徐喝彩点赞，意义还是显而易见的，毕竟中国需要林则徐这样的仁人志士。

三元里抗英

三元里抗英是鸦片战争时期广州人民自发的武装抗英斗争。

道光二十一年四月初五（1841年5月25日），英军攻陷广州城北诸炮台，设司令部于地势最高的永康台。永康台土名四方台，距城仅一里，大炮可直轰城内。清军统帅奕山等求和，四月初七（5月27日）与英订立《广州和约》，以支付英军赎城费、外省军队撤离广州等条件，换取英军交还炮台，退出虎门。但和约墨迹未干，英军就不断窜扰西北郊三元里及泥城、西村、萧岗等村庄，抢掠烧杀，奸淫妇女。广大民众义愤填膺，各地团练共图抵抗。四月初九（5月29日），三元里村民击退来犯小股英军，料到英军必会报复，所以村民在三元古

148

庙集合，相约以庙中"三星旗"作为指挥战斗的令旗，宣誓"旗进人进，旗退人退，打死无怨"。同时，举人何玉成等出面联络附近一百零三个乡的群众，准备共同战斗。次日，南海、番禺百余村团练手持戈矛犁锄，群起围困永康台。众人相持近半日后，英军司令卧乌古（又译作"郭富"）亲自带兵出击。团练且战且退，诱敌至牛栏岗丘陵地带。时大雨骤至，英军火枪受潮不能发射（该支军队为印度雇佣兵，英方给他们装备的是比较落后的燧发枪，一遇雨淋便不能使用），团练冒雨反击，将英军分割包围，肉搏鏖战。追击过程中，英军第三十七团的一个连（六十人）被义军截至稻田中，三四十名印度雇佣兵被刀砍毙伤。英军派出两个水兵连，带着"雷管枪"（不怕雨天）前来增援。在被围困两小时之后，英军撤退至四方炮台。

四月十一（5月31日），三元里人民再次包围四方炮台。广州手工业工人以及附近州县如花县、增城、从化等地团练也陆续赶来，围台民众增至数万，相约饿死英军。他们用土枪、土炮、矛戈、盾牌、锄头、镰锹等，

149

与英军作战。可谓"刀斧犁头在手皆成武器，儿童妇女喊声亦助兵威"。卧乌古不敢再战，转而威胁官府，扬言毁约攻城。奕山等闻讯恐慌，急派广州知府余保纯出城，先安抚英军，复率番禺、南海两县县令向团练中士绅施加压力。团练逐渐散去，台围遂解。英军撤出虎门时发出告示，恫吓中国人民"后勿再犯"。人民群众当即发出《尽忠报国全粤义民申谕英夷告示》，警告英军，若敢再来，"不用官兵，不用国帑，自己出力，杀尽尔等猪狗，方消我各乡惨毒之害也！"

◇**孔明点评**◇

三元里抗英，可歌可泣。面对洋枪洋炮，手持锄头、木棍的三元里人无所畏惧，显示的是英雄气概，更是民族精神。国家兴亡，民族存亡，系于精神，系于气节。万众一心，力量不可低估；众志成城，民族便不可侮辱。中国历史上，正反的例子、经验都有。民如散沙，则国破家亡；民心积聚，则又释放出巨大的能量。三元里人抗英，便是中国人不可侮的缩影。鸦片战争之所以惨败于侵略者，完全是因为清政府腐败无能。如果

清政府肩负中华民族大义，信任并发动人民大众，中国近代史书写的必是辉煌的诗篇而非屈辱的割地赔款条约。

左宗棠收复新疆

左宗棠（1812—1885），字季高，一字朴存，号湘上农人。晚清重臣，军事家、政治家、著名湘军将领，洋务派首领。左宗棠少时屡试不第，转而留意农事，遍读群书，钻研舆地、兵法。后竟因此成为清朝后期著名大臣，官至东阁大学士、军机大臣，封二等恪靖侯。

新疆危局

同治三年（1864），清朝在沙俄军队的炮口下被迫签订丧权失地的《中俄勘分西北界约记》的同时，新疆各地也卷入了太平天国运动和陕甘回民起义影响下的人民反清起义浪潮。封建宗教头目趁机而起，新疆出现了

割据纷争、各自为王的混乱局面。阿古柏盘踞在新疆，和沙俄及英国狼狈为奸，对新疆当地人民实行残酷奴役和掠夺，把新疆搞得南北分裂，民不聊生。新疆寇深祸急，而朝廷主战派与主和派却争论不休。左宗棠义正词严，痛陈利害："我能自强，则英、俄如我何？我不能自强，则受英之欺侮，亦受俄之欺侮，何以为国！"清朝政府也已逐渐认清了阿古柏的侵略本质及其巨大的危害性。光绪元年（1875）三月，左宗棠被诏命为督办新疆军务的钦差大臣，进军西征。

缓进速决

对于这次西征，左宗棠采用了"缓进速决"的战略政策。所谓"缓进"就是要用一年半的时间筹措军饷，积草屯粮，调集军队，操练将士，创造好出战必胜的一切条件。他排除一切干扰，既整顿了军队，减少了冗员，又整肃了军纪，增强了军队的战斗力。为了适应出关西征的需要，他对自己的主力湘军也大力整编，剔除空额，汰弱留强。他还规定，凡是不愿出关西征的，一律给资，遣送回籍，不加勉强。经过整顿又自愿出关的官兵，士气饱满，情绪高涨，是一支敢于冒险犯难、一往无前的军队。所谓"速决"，考虑国库空虚，军饷难筹，为了紧缩军费开支，减轻人民负担，大军一旦出发，必须以迅雷不及掩耳之势，速战速决，力争在一年半左右获取全胜，尽早收兵。

沙漠行军

其时左宗棠指挥的西征清军，有刘锦棠所部湘军二十五个营，张曜所部十四个营和徐占彪所部蜀军五个营，包括原在新疆各个据点的清军，共有马、步、炮军一百五十余营，兵力总数近八万人。但真正开往前线作战的只有五十余营，两万多人。因行军期间要经过著名的莫贺延碛大沙漠，流沙数百里，上无飞鸟，下无水草，极难跋涉。粮草可以马驮车载，长途运输，大部队行军遇到的最大问题是人畜饮水难以解决，所以只有分

批分期地行进。左宗棠坐镇肃州，命刘锦棠、金顺分兵两路，先后率师出关。他把大军分作千人一队，隔日进发一队，刘锦棠走北路，金顺走南路，到哈密会齐。部队各营到达哈密后，像接力赛似的，把从肃州等地陆续运往哈密的军粮，再辗转搬运，翻过东天山九曲险道，分运至巴里坤和古城（今奇台）。清军大部队严阵以待，兵锋直指乌鲁木齐。

荡平南疆

光绪二年（1876）五月，两路会合，首先攻克乌鲁木齐。敌军二号首领白彦虎逃到托克逊。清军又攻克玛纳斯城，从而北路荡平。初战告捷，清军士气大振。可就在这时，英国却以调停人的身份站了出来，称阿古柏愿与中国和解，可作为属国，不必朝贡。对此，左宗棠予以驳斥拒绝，坚持南疆"地不可弃，兵不可停"。光绪三年（1877）三月，清军进军南疆，先后收复达坂城和托克逊城。敌军一号首领阿古柏逃往焉耆，留下他的小儿子驻守库尔勒为其殿后。不久，官军又收复吐鲁番，阿古柏一看通往南路的门户打开，自知大势已去，服毒自杀。

仅一年多时间，左宗棠就指挥西征军，攻克了被外寇侵占的南疆八城，收复了除伊犁以外的新疆领土，这是清朝政府对外敌出奇制胜的得意之笔，也是左宗棠戎马一生最华彩的乐章。

经营新疆

战事平定后，左宗棠军屯新疆，将荒地开垦为良田，戈壁变成了绿洲，新疆各族人民过上了安居乐业的太平生活。左宗棠这些举措为稳定局势、恢复经济发挥了作用。但这毕竟是临时性和局部性的成果，要在新疆各地实施行政管理职能，建立有效的统治，就必须对新疆前景做出通盘筹划。为此，左宗棠提出在新疆建立行省制度的主张。他说："为划久安长治之策，纾朝廷西顾之忧，则设行省，改郡县，事有不容已者。"但此时

左宗棠已不在新疆，而是身居两江总督的高位。1882年，左宗棠再次向清朝政府奏请新疆建省，提出乘新疆收复伊始和西征大军未撤之威，不失时机地建省设县。这样顺应民心，有利于百废待举，恢复元气，便于实行切实有效的管理。左宗棠恳切陈词，终于说服了清朝政府同意着手在新疆建省。时任新疆巡抚的刘锦棠，制订了建省的具体方案。省会设于迪化（今乌鲁木齐市），下设镇迪道、伊塔道、阿克苏道、喀什噶尔道，以下设府、厅、州、县。伊犁仍设将军府，但不再统帅全疆的军政事务，政治中心移至迪化。清朝政府正式批准了新疆设省的方案。光绪十年九月二十九（1884年11月16日），是新疆历史上一个重要的日子，清政府在新疆设立行省。户部奏请添设新疆巡抚、布政使各一人，除刘锦棠任巡抚外，又调甘肃布政使任新疆布政使。从此，新疆省正式建立。左宗棠之功，实不可没。

◇孔明点评◇

左宗棠平定新疆，这个功劳怎样歌颂都不为过。试想啊，当年左宗棠力主出兵的方略不被清政府采纳，今天的新疆会是什么样子呢？新疆即西域之一部分。自汉朝张骞"凿空"西域之后，两千多年里，虽然汉唐宋元明清的王朝都曾有效管辖过此地，却一直未能摆脱分离势力的困扰，即使清代康熙、乾隆两朝皇帝御驾亲征，仍然不能根治边患，致使清朝末年，大片西域土地丧失于沙俄之手！左宗棠经略新疆主张，特别是建省之举，使新疆置于中央政府有效的行政管辖之下，而终于趋于稳定！可见国策若是良策，方能长治久安。

镇南关大捷

　　中法战争爆发后，1884年，法国侵略军进犯滇、桂
边境。1885年2月，督办广东军务大臣彭玉麟、新任两
广总督张之洞起用冯子材为广西关外军务帮办，出任前
敌统帅。冯子材目睹战局危急，不顾自身七十高龄，积
极备战。他一方面稳定军心，另一方面广募民间丁勇，
还积极联合其他边防部队，率领王孝祺、王德榜、苏元
春等将领驻守镇南关（今广西友谊关，在广西凭祥市西
南）。冯子材巡视镇南关防务，料定镇南关外二里多远
的东岭是敌军进犯的必由之路，便连夜构筑一道长三
里、高七尺、宽四尺的土石长墙，并在紧要处建堡垒，
布置兵力，积极备战。果然不出所料，3月23日清晨，法
军从谅山方面来犯。冯子材一面率部队迎战，一面调集

援军。

法军的开花大炮顺着东岭山梁朝下猛轰，掩护长枪队直扑过来。顿时，山谷震摇，硝烟弥漫，阵地上弹片积了一寸多厚。法军已将冯子材赶修的五个堡垒，夺走三个，形势万分危急！老将冯子材高呼："再让法军入关，有何面见粤人！"在主帅的激励下，将士们奋不顾身，冲出长墙，奋勇杀敌，压倒了敌人的气焰。恰巧援军赶到，打退了法军，保住了阵地。

这场恶战，对每一个将士都是严峻的考验，它鼓舞了广大爱国将士杀敌报国的勇气，也暴露出个别将领畏敌如虎的懦夫丑态。督办广西军务的苏元春就是个懦夫。他被法军的开花大炮吓破了胆，想退却，可又惧怕主帅冯子材的威严，就转托黄云高去劝说冯子材撤退。黄云高是冯子材的表哥，他当然了解冯子材的脾气，见面后，吞吞吐吐，好半天才说出撤退的意思。

冯子材一听，火冒三丈，拔出军刀，厉声呵斥："汝知此处为军法地乎！"黄云高吓得惶恐地退出帅帐。这天夜里，苏元春亲自来见冯子材，他以担心军中

弹药接济不上为由，要求退守凭祥。冯子材严肃地说：
"有此长墙不守，凭祥何恃？我退，敌必尾追，江左即
非我有矣！我老矣，誓与此墙共存亡！君年较富，请自
行，勿乱军心也！"冯子材的一席话，说得怯敌将军苏
元春面红耳赤，无言以对。

　　第二天，法军倾巢出动，在开花大炮掩护下，主
力部队猛攻长墙，有的法兵已越墙而入，有的法兵足踏
墙头。在这千钧一发之际，老将冯子材足蹬草鞋，身着
短衣，手执长矛，大吼一声，率两个儿子冯相华和冯相
荣，跃出战壕，扑向敌人。冯子材身先士卒、奋勇杀敌
的英雄气概，使全军将士精神振奋，大家一起呐喊杀
出，争先恐后，冲进敌阵，展开肉搏战。敌人的开花大
炮丧失了威力，但见清军将士刀矛飞舞，杀声震天，敌
人尸横遍野，法军大败，全线崩溃。冯子材取得镇南关
保卫战的大捷之后，乘胜出击，收复谅山。谅山一仗，
毙伤法军一千余人，扭转了中法战争整个战局。

　　镇南关大捷使清军在中法战争中转败为胜，振奋了
民族精神。中国本有机会取得中法战争的最后胜利，但

由于清统治者的懦弱、妥协，使得中国不败而败，法国不胜而胜。1885年6月9日，李鸿章代表清政府在《中法新约》上签字，清朝承认越南为法国的殖民地，中法战争宣告结束。

◇孔明点评◇

镇南关大捷的意义首先在于破除了西方列强不可战胜的神话，而究其大捷的深层次原因至少有三点可以启示后人：其一，民族的御侮精神与毕其功于一役的英雄气概。敢于应战，起码胆气可聚。其二，众志成城。人心齐，泰山移。将士一心一意，其力量不可低估。其三，统帅不是孬种。即如冯子材老将军，虽然年迈，却没有暮年之气；虽然面对的是强大的敌人，却不减浩然之气。加上调度有方，治军严明，身先士卒，足可以威服三军。

邓世昌甲午殉国

邓世昌（1849—1894），清末海军名将。原名永昌，字正卿。广东番禺人。自小立志当海军，以御强敌。1868年，他怀着救国的志愿，以各门课程考核皆优的成绩入福州船政学堂学习航海，成为该学堂驾驶班第一届毕业生。1879年他调赴北洋，管带"镇南"炮船。1887年，邓世昌率队赴英国接收清政府向英、德订造的"致远""靖远""经远""来远"四艘巡洋舰。1888年，邓世昌任北洋海军中军副将，兼"致远"管带。他"执事惟谨""治事精勤"，刻苦钻研海军战略战术理论，注意学习西方海军的先进技术和经验。在他精心训练下，"致远"舰成为北洋舰队中整训有素、最有战斗力的主力战舰之一。

　　1894年7月25日，日本侵略军在牙山口外半岛海面，向中国海军发动突然袭击。8月1日，中日双方同时宣战，对中国近代史影响深远的中日甲午海战爆发了。

　　1894年9月17日中午，我方舰队在黄海海面与日本舰队相遇，展开了一场激战。战斗打响后，邓世昌指挥的"致远"号冒着密集的炮火，纵横海面，频频开炮，屡中敌舰。以先锋舰"吉野"为首的四艘日本军舰，进逼北洋舰队的旗舰——"定远"号。为了保护旗舰，邓世昌指挥"致远"开足马力，抢到"定远"前面，迎战来敌。

　　"致远"在四艘敌舰的包围之中，顽强作战，不断炮击敌舰。不久，"致远"舰上的炮弹打光了，邓世昌命令用步枪射击。

　　经过近一个小时的激战，"致远"舰弹孔累累，水线以下也多处受伤，船身倾斜，眼看就要沉没。邓世昌怒视着在海面横冲直撞的"吉野"号，对大副说："日本舰队全仗'吉野'横行，如果撞沉它，我军一定能取得胜利。"他登上舰桥，慷慨激昂地向全舰宣布：

"我们为国作战，早已把生死置之度外。现在我舰船伤弹尽，无力再战，我决定撞沉'吉野'，与它同归于尽。"全舰官兵齐声高呼，表示拥护。

邓世昌登上驾驶台，两手紧握舵轮，开足马力，向"吉野"猛冲过去。敌人发现"致远"向"吉野"冲来，立刻集中火力，轰击"致远"。"致远"的甲板起火了，但是它在继续前进，像一条火龙乘风破浪，冲向"吉野"。敌舰上的士兵见了，惊恐万状，纷纷跳水逃命，"吉野"的舰长也吓得手足无措。可是，一颗日本鱼雷击中了"致远"，顿时全舰爆炸起火，不久终于沉没了。

落水以后的邓世昌，仍然高呼杀敌不止。随从把救生圈抛给他，他拒绝了。全舰二百多名将士，除二十七人遇救外，其余全部壮烈牺牲。

邓世昌英勇牺牲的消息传来，举国震惊。光绪帝垂泪撰联："此日漫挥天下泪，有公足壮海军威。"赐邓世昌"壮节公"谥号。邓世昌的英雄行为大大激发了海军将士的爱国热情，他为国捐躯的英雄形象，永远活在中国人民的心中。

◇孔明点评◇

　　历史不应忘记为国战死的邓世昌们。即使清朝腐败，对外软弱，但保家卫国的将士们照样可以如邓世昌那样奋勇杀敌，这才是民族精神，这才是中华不败的力量源泉所在。爱国心是初心，是良心，是为国捐躯的英雄心！爱国不是空话，爱国是祖国需要的时候冲锋陷阵，视死如归！不忘邓世昌们，初心才会被唤起，良心才会聚集，爱国心才会释放出强大的正能量，使我国威不可犯，犯我必还击！

谭嗣同为国赴刑

　　谭嗣同（1865—1898），湖南浏阳人，清同治四年（1865）生于北京一个世代官宦的家庭中。父亲谭继洵是科举正途出身的官僚，官至湖北巡抚。谭嗣同从五岁起开始读"四书五经"，学习作诗填词。少年的谭嗣同聪慧异常，胆识过人，写得一手好文章。从二十岁起，历时十年，谭嗣同驰骋西北高原，漫游祖国河山，足迹遍及大江南北、黄河上下，合计路程有八万余里，照谭嗣同自己的说法，是"堪绕地球一周"。

　　谭嗣同在壮游中曾多次作诗抒怀："策我马，曳我裳，天风终古吹琅琅！何当直上昆仑巅，旷观天下名山万迭来苍茫！""风景不殊，山河顿异；城郭犹是，人民复非。"

　　清光绪二十一年（1895），谭嗣同正好三十岁，他写了《三十自纪》一文，规划出全面改革中国的方案，还准备全力以赴将此方案付诸实施。光绪二十四年（1898）6月11日，光绪帝颁布《定国是诏》，决心变法维新。不久，就有人向光绪帝推荐谭嗣同，光绪帝同意召见。8月21日，谭嗣同抵北京。9月5日，光绪下诏授给他和林旭、刘光弟、杨锐四品卿衔，准许他们参与新政。次日，光绪又召见谭嗣同，表示自己是愿意变法的，只是太后和守旧大臣阻挠而无可奈何，并说："汝等所欲变者，俱可随意奏来，我必依从。即我有过失，汝等当面责我，我必速改。"光绪帝变法的决心和对维新派的信赖使谭嗣同非常感动，觉得实现自己抱负的机会已经在握。他参政时，维新派与顽固派的斗争已是剑拔弩张。慈禧太后等人早有密谋，要在10月底光绪帝去天津阅兵时发动兵变，废黜光绪帝，一举扑灭新政。9月18日，谭嗣同夜访袁世凯，要袁带兵入京，除掉顽固派。袁世凯假惺惺地表示先回天津除掉荣禄，然后率兵入京。袁世凯于20日晚赶回天津，向荣禄告密，荣禄密

报西太后。

21日，西太后慈禧发动政变。慈禧连发谕旨，捉拿维新派。谭嗣同听到政变消息后并不惊慌，他置自己的安危于不顾，多方活动，筹谋营救光绪帝。但令他措手不及的是，计划均告落空。在这种情况下，他决心以死来殉变法事业，用自己的牺牲去向封建顽固势力做最后一次反抗。谭嗣同把自己的书信、文稿交给梁启超，要他东渡日本避难，并慷慨地说："不有行者，无以图将来；不有死者，无以召后起。"日本使馆曾派人与他联系，表示可以为他提供"保护"，他毅然回绝，并对来人说："各国变法，无不从流血而成。今日中国未闻有因变法而流血者，此国之所以不昌也。有之，请自嗣同始！"24日，谭嗣同在浏阳会馆被捕。在狱中，他意态从容，镇定自若，在监狱的墙上写下了这样一首诗："望门投止思张俭，忍死须臾待杜根。我自横刀向天笑，去留肝胆两昆仑。"

9月28日，谭嗣同与其他五位志士英勇就义于北京宣武门外菜市口，史称"戊戌六君子"。当他们被杀时，刑场上观看者上万人。谭嗣同神色不变，临终时还大声说："有心杀贼，无力回天。死得其所，快哉快哉！"充分表现了一位爱国志士舍身报国的英雄气概。

留信救父

新法被废后，谭嗣同便做了杀身成仁的准备。他在自己的莽苍苍斋里照常每日习文练武。一天，他突然想到远在千里之外担任湖北巡抚的老父谭继洵，想到父亲必然要受自己牵连，情急之中心生一计：他取出往日父亲寄来的七封书信，烧去信纸，留下信封，再模仿其父口气与笔迹，给自己写下七封假信，每封都有父亲训斥儿子、反对变法的内容，指责谭嗣同不忠不孝、要和他脱离父子关系等。信写好后，谭把它们放在屋内显眼处。 谭嗣同被害后，年迈的父亲谭继洵果然没有受到清廷更大的迫害，仅被革职回浏阳老家。他因儿子的壮烈就义，思想也受到很大的触动。他对哀哀啼哭的谭嗣同夫人说："儿呀，不要悲伤，今后在历史上留下名字

的，不是我这个曾当过巡抚的老父亲，而是你那为改革献身的丈夫！"

◇孔明点评◇

谭嗣同是真丈夫！大丈夫！伟丈夫！他是智者，更是正人君子。他看透了世道人心，更看破了人生在世的真价值。他抱负在胸，一旦被重用，便尽其全力所能，不辞辛苦；一旦事与愿违，便从容决定去留，并以大义为重，不在自身利益上计较得失。他的英勇就义等同自杀，却超越了自杀，因为他是怀抱为国之心而选择慷慨赴死的，为的是警醒国人，呼唤民心，激发民众改革救国的斗志。他当然没有白死，自此而后，成千上万的仁人志士都以他为楷模，义无反顾地投身于救国救民的洪流之中。中国最终能摆脱列强欺辱，而成为今日之泱泱大国，与谭嗣同之死能没有关系吗？

寸寸山河寸寸金

　　黄遵宪（1848—1905），字公度，广东省嘉应州（今梅州）人，光绪二年（1876）举人，历任驻日参赞、旧金山总领事、驻英参赞、新加坡总领事，戊戌变法期间任湖南按察使，助巡抚陈宝箴推行新政。

　　1840年鸦片战争以后，中国受到外国侵略者的欺侮，打败仗，签订不平等条约，割让土地，赔款，受尽了屈辱。爱国的人们都为国土的丧失和人民的苦难而忧心忡忡。作为诗界革命的主将黄遵宪，在《题梁任父同年》诗中，就表达了这种心情："寸寸山河寸寸金，侉（kuǎ）离分裂力谁任。杜鹃再拜忧天泪，精卫无穷填海心。"

　　在1894年中日甲午战争中，中国军队一败再败，

172

国土被日军占领。时刻关心祖国命运的黄遵宪，接连写了《悲平壤》《东沟行》《哀旅顺》《哭威海》《马关纪事》《台湾行》等许多诗篇，记述了战争的过程，歌颂了为国阵亡的英雄，斥责了卖国投降行为。在《台湾行》中，他写道："城头逢逢擂大鼓，苍天苍天泪如雨，倭人竟割台湾去。"

在他的心目中，祖国的每寸土地都像金子一样宝贵，每失去一块土地，就像割去了自己身上的肉。他在和祖国共同受难，然而他没有丧失信心。他在《出军歌》中写道："四千余岁古国古，是我完全土；二十世纪谁为主？是我神明胄。"

黄遵宪有这样浓厚的爱国情怀，他在外交和改革事业中，才能不畏强敌，发愤图强，为祖国的强盛做出了许多贡献。

◇孔明点评◇

诗以爱国，黄遵宪不是第一人，却是不可忽视的爱国诗人。他本是一个外交家，对国土沦丧，义愤难平；他还是一位维新者，不但主张变法图强，而且热衷于介绍先进的西方思想，如达尔文的进化论、卢梭的《民约论》等；他更是一位爱国者，有他存世的诗篇为证。他热衷于诗以言志，诗以抒发赤子豪情，诗以张扬他对祖国的拳拳爱心、对国土丧失的郁郁忧心和对侵略者的恨之入骨；他主张诗界革命，并身体力行，使诗歌能发出民声、心声，接地气、人气，通时代，关忧患。他的诗歌得以流传，与他炽热的爱国情怀密不可分。

少年强则国强

梁启超（1873—1929），字卓如，一字任甫，号任公，又号饮冰室主人。"八岁学为文，九岁能缀千言"，十六岁中举，十八岁拜康有为为师，二十三岁与康有为共同发起"公车上书"，并参与"百日维新"，成为戊戌变法运动领袖之一。戊戌变法失败后，流亡日本。辛亥革命后，曾拥袁反袁，与段祺瑞合作。晚年讲学于清华大学，任清华国学研究院导师兼京师图书馆馆长。梁启超是我国近代著名的政治家、思想家、史学家、文学家，这是许多人都知道的。但鲜为人知的是，梁启超在忧国忧民、勤奋著书、匡国济时的同时，还十分注重对下一代的教育。他将自己的学识和感悟润泽在儿孙身上，言传身教，悉心培养，九个儿女各有成就，并和他们的父亲一样有爱国心，流自己的汗，吃自己的饭。

《少年中国说》写于戊戌变法失败后的1900年，此时民族危机空前严重，帝国主义者瓜分中国，而清政府由腐朽的统治者统治着，梁启超发现要挽救民族危亡，必须改造中国国民，特别是年青一代的思想，就写了《少年中国说》。文章极力歌颂少年的朝气蓬勃，指出封建统治下的中国是"老大帝国"，热切希望出现"少年中国"，来振奋人民的精神。文章不拘格式，多用比喻，具有强烈的进取精神，寄托了作者对少年中国的热爱和期望。

少年中国说（摘录）

故今日之责任，不在他人，而全在我少年。

少年智则国智，

少年富则国富；

少年强则国强，

少年独立则国独立；
少年自由则国自由，
少年进步则国进步；
少年胜于欧洲则国胜于欧洲，
少年雄于地球则国雄于地球。

红日初升，其道大光。

河出伏流，一泻汪洋。

潜龙腾渊，鳞爪飞扬。

乳虎啸谷，百兽震惶。

鹰隼试翼，风尘吸张。

奇花初胎，矞矞皇皇。

干将发硎，有作其芒。

天戴其苍，地履其黄。

纵有千古，横有八荒。

前途似海，来日方长。

美哉我少年中国，与天不老！

壮哉我中国少年，与国无疆！

◇孔明点评◇

梁任公在世时领袖群伦，也算得旧中国卓尔不群一奇人。他觉醒甚早，十八岁便参与"百日维新"，二十三岁与康有为共同发起"公车上书"，一举成名天下知。虽然政治抱负未能施展，但学术主张影响深远。他的心里是装着国家的，这有他一生的著述为证，著名的《少年中国说》更是他的良苦用心所在！他深知只有维新，国家才有强盛的希望；只有重视教育，国家才可能改变老气横秋的面貌。他的想法是对的。邓小平说："教育要从娃娃抓起。"思想的源头之一，应该就在《少年中国说》里。应该说，"少年强则国强"是颠扑不破的真理！

血溅轩亭口，英名千古留

秋瑾（1875—1907），初名闺瑾，浙江省绍兴府山阴县（今绍兴市）人，近代女民主革命志士，提倡女权。秋瑾生于福建省厦门，留学日本后改名瑾，字（或作别号）竞雄，自称鉴湖女侠。

在秋瑾赴日留学期未满之时，日本政府根据清政府的要求，颁布了《取缔清国留学生规则》。当时，清政府已内外交困，得知孙中山等革命党人和留日学生宣传革命，非常恐慌，多次要求日本政府驱逐留日中国学生，八千名留日中国学生立即举行示威游行抗议，并组织敢死队与日本政府交涉。秋瑾担任了敢死队队长，坚决主张回国。1905年12月25日，秋瑾登上自横滨开往上海的"长江"号轮船毅然回到上海。

回到绍兴以后，在徐锡麟、陶成章介绍下，秋瑾先在明道女校教体育，1906年3月又到吴兴县南浔镇浔溪女校教日文、卫生等课。秋瑾关心学生，宣传妇女解放，宣传革命思想，受到师生爱戴，却遭地方顽固势力憎恨和攻击，因而，她毅然辞职离开了浔溪女校。之后她还创办了《中国女报》。

1905年秋，陶成章和徐锡麟在绍兴创办大通师范学堂，借以召集江南各府会党成员到校，进行军事训练。后来，秋瑾在该校发展了六百多名会员。1907年2月，秋瑾接任大通学堂督办。不久与徐锡麟分头准备在浙江、安徽两省同时举行武装起义，以推翻腐败的清政府。

1907年7月10日，秋瑾从报纸上得知了徐锡麟在安徽安庆的起义失败并被杀害的消息。她手拿报纸，失声痛哭，预感到自己也将为国捐躯。有人劝她暂避他地，并为她联系了上海租界安身的地方，她都拒绝了。她不食不语，写下了一首绝命诗，其中有这样的诗句："痛同胞之醉梦犹昏，悲祖国之陆沉谁挽。"

秋瑾视死如归，决心为反清爱国，唤醒民众而献

身，于是在大通学堂从容被捕。1907年7月15日（农历六月初六），秋瑾就义于绍兴轩亭口，年仅三十二岁。

秋瑾牺牲后，她的挚友徐自华、吴芝瑛等人冒着生命危险，在杭州西湖西泠桥畔、著名的抗金将领岳飞墓前修建了秋瑾烈士墓。孙中山先生评说："为推翻专制、建立共和，绍兴有徐锡麟、秋瑾、陶成章三烈士，于光复事业，功莫大焉！"

◇孔明点评◇

秋瑾一生短暂，其名却注定要流芳百世。她是当之无愧的巾帼英雄，其壮举豪情，足令无数男子自愧不如。古往今来，女子如秋瑾者，莫说屈指可数，该说绝无仅有！她以女流之身，舍弃包办婚姻，赴日学习不为一己荣光，而为挽救一国于水火。她当敢死队队长，这样的视死如归气概，几人能及？当好友徐锡麟惨遭杀害的噩耗传来，她没有选择逃生，而是"束手就擒"，"坐以待毙"，发誓以死唤醒国人，这样的精神，可与谭嗣同比肩伯仲！

詹天佑修铁路为国争光

　　清朝末年，我国派出了第一批赴美留学生。他们都是些少年，其中有个才十二岁的少年叫詹天佑，十分聪明好学，立志为国效力。后来，詹天佑又考取了美国耶鲁大学，学习工程技术，毕业后回到了国内。可清朝政府对本国人才不信任，以前修筑的铁路都由外国人主持。詹天佑尽管有才干，也只能当助手。

　　1905 年，清政府要修建北京到张家口铁路的消息传开了。英国和俄国都争着要修，因为他们知道这条铁路在中国的战略地位，掌握了它就能控制中国。为此，双方争执不下，最后达成"协议"，说中国政府如果不让他们修，他们就什么技术也不提供。他们以为中国人离开他们肯定修不成这条铁路。

　　京张铁路是连接华北和西北的交通要道，清朝政府也不想让外国人事事插手，于是派詹天佑担任总工程师。有人对他不放心，说他不自量力，说他胆大包天，劝他不要承担这项难度非常大的工程。詹天佑不怕嘲笑，更不怕困难，毅然接受了任务。

　　铁路要经过崇山峻岭，须开凿隧道。特别是居庸关段，山势高峻，岩层深厚，技术难度很大。詹天佑决定采用从两端同时向中间凿进的办法。八达岭隧道更长，他便与老工人一起想办法，采用"竖井开凿法"，先从山顶往下打一竖井，再分别向两头开凿，两边也同时施工，大大缩短了工期。铁路经过青龙桥附近，坡度特别大。詹天佑便顺山势，设计了一种"人"字形线路使火车爬坡坡度大为减缓。

　　经过四年的艰苦劳动，京张铁路终于成功地修筑完成。

　　"竖井开凿法"和"人"字形线路，是世界铁路史上的奇迹，震惊了中外。詹天佑为祖国赢得了荣誉，原来那些瞧不起中国工程师的英国人也表示对他由衷敬佩。詹天佑也因此享有"中国铁路之父"和"中国近代工程之父"之美誉。

◇孔明点评◇

詹天佑与京张铁路的伟大与意义远远超过了詹天佑个人与铁路本身。其一,为旧中国争了一口气;其二,回敬了一些国人的崇洋媚外思想;其三,使外国人认识到,中国不是没有人才,而是人才辈出,关键在人才是否得到重用;其四,有志者,事竟成!詹天佑的创举告诉中国人:修筑一条铁路并非难事,难的是如何修筑"民族工程",使中国人真正挺直了腰杆,树立起这样的精神和思想——为国做事义不容辞,为民谋利无上光荣!